定位经典丛书
对美国营销影响巨大的观念

大品牌大问题

BIG BRANDS BIG TROUBLE
LESSONS LEARNED THE HARD WAY

［美］　杰克·特劳特（Jack Trout）　著

耿一诚　许丽萍◎译

机械工业出版社
CHINA MACHINE PRESS

北京市版权局著作权合同登记　图字：01-2010-7590号。

图书在版编目（CIP）数据

大品牌大问题／（美）特劳特（Trout, J.）著；耿一诚，许丽萍译. —北京：
机械工业出版社，2011.8（2024.6重印）
（定位经典丛书）
书名原文：Big Brands Big Trouble: Lessons Learned the Hard Way

ISBN 978-7-111-35368-3

Ⅰ.大… Ⅱ.①特… ②耿… ③许… Ⅲ.企业管理 Ⅳ.F270

中国版本图书馆CIP数据核字（2011）第141269号

机械工业出版社（北京市西城区百万庄大街22号 邮政编码 100037）
责任编辑：王金强　　　　版式设计：刘永青
北京虎彩文化传播有限公司印刷
2024年6月第1版第29次印刷
170mm×242mm · 18.5印张
标准书号：ISBN 978-7-111-35368-3
定价：69.00元

客服电话：（010）88361066　68326294

此书献给多年来一直催促我写这个话题的那位绅士。
为了避免给其造成困扰，特隐去其名。

目录

POSITIONING

致中国读者

总序

前言

第1章　大企业的通病及其惨痛代价

什么改变了 / 2

错误一：跟风 / 3

错误二：不知所卖何物 / 5

明晰所销售的产品 / 6

为你的产品确定一个通俗易懂的名称 / 7

错误三：真相终会水落石出 / 9

错误四："别人的概念" / 9

错误五："我们很成功" / 12

错误六："面面俱到" / 14

错误七："靠数据生存" / 15

错误八："不进行自我攻击" / 19

错误九："不负责" / 20

第2章　通用汽车：忘记自己当初是怎么成功的

阿尔弗雷德·斯隆时代 / 24

罗杰·史密斯时代 / 27

重回1921 / 29

董事会介入 / 30

第3章　施乐：从未实现的预言

致命的预言 / 38

屡败屡战，屡战屡败 / 39

施乐本该怎么做 / 42

施乐的大麻烦 / 47

丧失聚焦的原因 / 51

专家的优势 / 51

第 4 章　DEC：从世界第二到榜上无名

决定命运的会议 / 56

成为最新一代 / 60

品类法则 / 61

未曾与别人说的故事 / 63

必须做出取舍 / 63

第 5 章　AT&T：从垄断到混乱

哪里出错了 / 68

错误一：进入计算机围城 / 69

错误二：向有线电视领域冒进 / 70

保持聚焦 / 74

区隔不明显 / 77

第 6 章　李维斯：无视竞争，后患无穷

李维斯的第一步坏棋 / 84

竞争加剧 / 85

可口可乐战略 / 87

失去联系 / 92

李维斯的未来 / 93

第 7 章　佳洁士牙膏：看！妈妈，没有领头的

争夺领导者之战 / 96

氟的利刃 / 97

氟的胜利 / 98

氟的问题 / 99

站在十字路口的佳洁士 / 100

分年龄阶段如何 / 101

第8章 汉堡王：管理层如同走马灯

很久以前 / 106

领导权之战 / 107

麦当劳突起 / 107

"按您的意思办" / 108

对比性广告 / 108

效果显著 / 110

问题初现 / 110

进入现场 / 112

除了管理层什么都没变 / 116

第9章 凡士通：走向死亡

初创年代 / 120

竞赛年代 / 121

"凡士通500"的失败 / 122

澄清混乱 / 123

试图改变态度 / 126

心理学家的说法 / 126

轻型卡车轮胎专家 / 128

第10章 米勒啤酒：一个距行业老大越来越远的老二

当万宝路遇见米勒 / 132

来点莱特淡啤吧 / 134

男人的低卡路里啤酒 / 135

问题来了 / 137

"高品质生活"已成明日黄花 / 138

米勒的孩子们 / 139

透明啤酒？ / 140

就叫"米勒" / 141

从挑战者成了跟随者 / 142

回到品牌延伸的老问题上来 / 143

"品牌延伸"依然泛滥 / 144

**第11章　玛莎百货："由上至下"理念的
　　　　　失败案例**

问题的起源 / 148

悠久的遗产 / 149

麻烦浮出水面 / 150

无视变化 / 150

问题多多 / 152

深入前线 / 154

前线在哪里 / 154

CEO容易脱离前线 / 155

不能预测对手 / 157

寻找概念 / 158

前途未卜？ / 160

第12章　悬而未决的麻烦：未能解决问题的品牌

家乐氏：通用名称的缺陷 / 166

沃尔沃：走错了路 / 170

柯达：在变化的世界中挣扎 / 173

西尔斯：被鳄鱼包围了 / 177

绝非偶然 / 179

第13章　幕僚三千：百无一用

两个实例 / 182

迷魂阵 / 183

兜售概念 / 184

"罗宾汉式的调查" / 187

间接损失 / 190

耐用牌电池的遭遇 / 191

牧羊人和咨询顾问 / 195

第14章　董事会：形同虚设

把握方向盘时睡着了 / 198

错误的经验 / 199

任人唯亲 / 200

花股东的钱何其快哉 / 202

梦魇就快降临 / 203

专家董事会 / 204

董事会要置身事内 / 205

"大陆"名称有瑕疵 / 206

下一步该董事会了 / 207

第15章　华尔街：唯一作用就是制造麻烦

增长会变成麻烦 / 210

15%的假象 / 211

真实数字 / 212

收支的窍门 / 212

险恶的股票期权 / 214

CEO的名声 / 215

先拼命鼓励，然后把他们一脚蹬开 / 216

电信地狱 / 216

瞎子给盲人指路 / 217

把握了本质的分析师 / 218

一些防御性的建议 / 218

私营公司的快乐 / 219

第16章　知己知彼，百战不殆

惠普何去何从 / 225

卡莉·菲奥莉娜的计划 / 226

避开竞争对手的强势，找到并进攻其弱势 / 230

对竞争时刻保持警醒 / 230

竞争对手一旦被触动，往往变得更强大 / 231

业务受到威胁，对手就不按常理出牌 / 231

尽快打垮小型竞争对手 / 232

如果敌强我弱，则敌来我躲 / 233

打不赢，就换地方 / 234

如果强大对手咄咄逼人，你应该先下手为强 / 235

诤言 / 235

第17章　船大难掉头

大型企业综合征 / 238

个人优先 / 241

靠兼并扩大规模有麻烦 / 241

抛锚点 / 246

CEO们为保持发展速度而挣扎 / 246

保持沟通 / 247

第18章　成也CEO，败也CEO

大势不好 / 251

不仅仅只是数字 / 251

先报忧 / 252

后报喜 / 253

行动指南？ / 253

是认知能力的问题 / 254

洞悉实情 / 255

需要长远规划 / 256

坚持就是胜利 / 257

成也CEO，败也CEO / 258

附录A　定位思想应用

附录B　企业家感言

中国正处在一个至关重要的十字路口上。制造廉价产品已使中国有了很大的发展，但上升的劳动力成本、环境问题、收入不平等以及对创新的需求都意味着重要的不是制造更廉价的产品，而是更好地进行产品营销。只有这样，中国才能赚更多的钱，才能在员工收入、环境保护和其他方面进行更大的投入。这意味着中国需要更好地掌握如何在顾客和潜在顾客的心智中建立品牌和认知，如何应对国内及国际上无处不在的竞争。

这也正是我的许多书能够发挥作用的地方。它们都是关于如何通过在众多竞争者中实现差异化来定位自己的品牌；它们都是关于如何保持简单、如何运用常识以及如何寻求显而易见又强有力的概念。总的来讲，无论你想要销售什么，它们都会告诉你如何成为一个更好的营销者。

我的中国合伙人邓德隆先生正将其中的很多理论在中国加以运用，他甚至为企业家开设了"定位"培训课程。但是，中国如果要建立自己的品牌，正如你们在日本、韩国和世界其他地方所看到的那些品牌，你们依然有很长的路要走。

但有一件事很明了：继续"制造更廉价的产品"只会死路一条，因为其他国家会想办法把价格压得更低。

杰克·特劳特

马克思的伟大贡献在于，他深刻地指出了，以生产工具为标志的生产力的发展，是社会存在的根本柱石，也是历史的第一推动力——大思想家李泽厚如是总结马克思的唯物史观。

第一次生产力革命：泰勒"科学管理"

从唯物史观看，赢得第二次世界大战（以下简称"二战"）胜利的关键历史人物并不是丘吉尔、罗斯福与斯大林，而是弗雷德里克·泰勒。泰勒的《科学管理原理》⊖掀起了人类工作史上的第一次生产力革命，大幅提升了体力工作者的生产力。在泰勒之前，人类的精密制造只能依赖于能工巧匠（通过师傅带徒弟的方式进行培养，且人数不多），泰勒通过将复杂的工艺解构为简单的零部件后再组装的方式，使得即便苏格拉底或者鲁班再世恐怕也未必能造出来的智能手机、电动汽车，现在连普通的农民工都可以大批量制造出来。"二战"期间，美国正是全面运用了泰勒"更聪明地工作"方法，使得美国体力工作者的生产力爆炸式提高，远超其他国家，美国一国产出的战争物资比其他所有参战国的总和还要多——这才是"二战"胜利的坚实基础。

欧洲和日本也正是从"二战"的经验与教训中，认识到泰勒工作方法的极端重要性。两者分别通过"马歇尔计划"和爱德华·戴明，引入了泰勒的作业方法，这才有了后来欧洲的复兴与日本的重新崛起。

⊖ 本书中文版已由机械工业出版社出版。

包括 20 世纪 80 年代崛起的"亚洲四小龙",以及今日的"中国经济奇迹",本质上都是将体力工作者的生产力大幅提升的结果。

泰勒的贡献不止于此,根据唯物史观,当社会存在的根本柱石——生产力得到发展后,整个社会的"上层建筑"也将得到相应的改观。在泰勒之前,工业革命造成了资产阶级与无产阶级这两大阶级的对峙。随着生产力的发展,体力工作者收入大幅增加,工作强度和时间大幅下降,社会地位上升,并且占据社会的主导地位。前者的"哑铃型社会"充满了斗争与仇恨,后者的"橄榄型社会"则相对稳定与和谐——体力工作者生产力的提升,彻底改变了社会的阶级结构,形成了我们所说的发达国家。

体力工作者工作强度降低,人类的平均寿命因此相应延长。加上工作时间的大幅缩短,这"多出来"的许多时间,主要转向了教育。教育时间的大幅延长,催生了一场更大的"上层建筑"的革命——资本主义的终结与知识社会的出现。1959 年美国的人口统计显示,靠知识(而非体力)"谋生"的人口超过体力劳动者,成为劳动人口的主力军,这就是我们所说的知识社会。目前,体力工作者在美国恐怕只占 10% 左右了。知识社会的趋势从美国为代表的发达国家开始,向全世界推进。

第二次生产力革命:德鲁克"组织管理"

为了因应知识社会的来临,彼得·德鲁克创立了管理这门独立的学科(核心著作是《管理的实践》及《卓有成效的管理者》⊖),管理学科的系统建立与广泛传播大幅提升了组织的生产力,使社会能容纳如此巨大的知识群体,并让他们创造绩效成为可能,这是人类史上第二次"更聪明地工作"。

⊖ 这两本书中文版已由机械工业出版社出版。

　　在现代社会之前，全世界最能吸纳知识工作者的国家是中国。中国自汉代以来的文官制度，在隋唐经过科举制定型后，为知识分子打通了从最底层通向上层的通道。这不但为社会注入了源源不断的活力，也为人类创造出了光辉灿烂的文化，是中国领先于世界的主要原因之一。在现代社会，美国每年毕业的大学生就高达百万以上，再加上许多在职员工通过培训与进修，从体力工作者转化为知识工作者的人数就更为庞大了。特别是"二战"后实施的《退伍军人权利法案》，几年间将"二战"后退伍的军人几乎全部转化成了知识工作者。如果没有高效的管理，整个社会将因无法消化这么巨大的知识群体而陷入危机。

　　通过管理提升组织的生产力，现代社会不但消化了大量的知识群体，甚至还创造出了大量的新增知识工作的需求。与体力工作者的生产力是以个体为单位来研究并予以提升不同，知识工作者的知识本身并不能实现产出，必须借助组织这个"生产单位"来利用他们的知识，才可能产出成果。正是管理学让组织这个生产单位创造出应有的巨大成果。

　　要衡量管理学的成就，我们可以将20世纪分为前后两个阶段来进行审视。20世纪前半叶是人类有史以来最血腥、最残暴、最惨无人道的半个世纪，短短50年的时间内居然发生了两次世界大战，最为专制独裁及大规模的种族灭绝都发生在这一时期。反观"二战"后的20世纪下半叶，直到2008年金融危机为止，人类享受了长达近60年的经济繁荣与社会稳定。虽然地区摩擦未断，但世界范围内的大战毕竟得以幸免。究其背后原因，正是通过恰当的管理，构成社会并承担了具体功能的各个组织，无论是企业、政府、医院、学校，还是其他非营利机构，都能有效地发挥应有的功能，同时让知识工作者获得成就和满足感，从而确保了社会的和谐与稳定。20世纪上半叶付出的代价，本质上而言是人类从农业社会转型为工业社会缺乏恰当的组织管理所引发的社会功能紊乱。20世纪下半叶，人类从工业社会转型为知识社会，虽然其剧变程度更烈，但是因为有了管理，乃至于平稳地被所有的历史学家忽略了。如果没有管理学，历史的经验告诉我们，20世纪下半叶，很有可能会像上半叶一样令我们这些身处其中的人不寒而栗。不同于之前的两次大战，现在我们已具备了足以多次毁灭整个人类的能力。

生产力的发展、社会基石的改变，照例引发了"上层建筑"的变迁。首先是所有制方面，资本家逐渐无足轻重了。在美国，社会的主要财富通过养老基金的方式被知识员工所持有。从财富总量上看，再大的企业家（如比尔·盖茨、巴菲特等巨富）与知识员工持有的财富比较起来，也只是沧海一粟而已。更重要的是，社会的关键资源不再是资本，而是知识。社会的代表人物也不再是资本家，而是知识精英或各类顶级专才。整个社会开始转型为"后资本主义社会"。社会不再由政府或国家的单一组织治理或统治，而是走向由知识组织实现自治的多元化、多中心化。政府只是众多大型组织之一，而且政府中越来越多的社会功能还在不断外包给各个独立自治的社会组织。如此众多的社会组织，几乎为每个人打开了"从底层通向上层"的通道，意味着每个人都可以通过获得知识而走向成功。当然，这同时也意味着不但在同一知识或特长领域中竞争将空前激烈，而且在不同知识领域之间也充满着相互争辉、相互替代的竞争。

正如泰勒的成就催生了一个知识型社会，德鲁克的成就则催生了一个竞争型社会。对于任何一个社会任务或需求，你都可以看到一大群管理良好的组织在全球展开争夺。不同需求之间还可以互相替代，一个产业的革命往往来自另一个产业的跨界打劫。这又是一次史无前例的社会巨变！人类自走出动物界以来，上百万年一直处于"稀缺经济"的生存状态中。然而，在短短的几十年里，由于管理的巨大成就，人类居然可以像儿童置身于糖果店中一般置身于"过剩经济"的"幸福"状态中。然而，这却给每家具体的企业带来了空前的生存压力，如何从激烈的竞争中存活下去。人们呼唤第三次生产力革命的到来。

第三次生产力革命：特劳特"定位"

对于企业界来说，前两次生产力革命，分别通过提高体力工作者和知识工作者的生产力，大幅提高了企业内部的效率，使得企业可以更好更快地满足顾客需求。这两次生产力革命的巨大成功警示企业界，接下来他们即将面临的最重大的挑战，将从管理企业的内部转向管理企业的外部，也就是顾客。德鲁克说，"企业存在的唯一目的是创造顾客"，而特劳特定位理论，将为企业创造顾客提供一种新的强大的生产工具。

竞争重心的转移

在科学管理时代，价值的创造主要在于多快好省地制造产品，因此竞争的重心在工厂，工厂同时也是经济链中的权力中心，生产什么、生产多少、定价多少都由工厂说了算，销售商与顾客的意愿无足轻重。福特的名言是这一时代权力掌握者的最好写照——你可以要任何颜色的汽车，只要它是黑色的。在组织管理时代，价值的创造主要在于更好地满足顾客需求，相应地，竞争的重心由工厂转移到了市场，竞争重心的转移必然导致经济权力的同步转移，离顾客更近的渠道商就成了经济链中的权力掌握者。互联网企业家巨大的影响力并不在于他们的财富之多，而在于他们与世界上最大的消费者群体最近。而现在，新时代的竞争重心已由市场转移至心智，经济权力也就由渠道继续前移，转移至顾客，谁能获取顾客心智的力量，谁就能摆脱渠道商的控制而握有经济链中的主导权力。在心智时代，顾客选择的力量掌握了任何一家企业、任何渠道的生杀大权。价值的创造，一方面来自企业因为有了精准定位而能够更加高效地使用社会资源，另一方面来自顾客交易成本的大幅下降。

选择的暴力

杰克·特劳特在《什么是战略》[⊖]开篇中描述说："最近几十年里，商业发生了巨变，几乎每个品类可选择的产品数量都有了出人意料的增长。例如，在 20 世纪 50 年代的美国，买小汽车就是在通用、福特、克莱斯勒或美国汽车这四家企业生产的车型中挑选。今天，你要在通用、福特、克莱斯勒、丰田、本田、大众、日产、菲亚特、三菱、雷诺、铃木、宝马、奔驰、现代、大宇、马自达、五十铃、起亚、沃尔沃等约 300 种车型中挑选。"甚至整个汽车品类都将面临高铁、短途飞机等新一代跨界替代的竞争压力。汽车业的情形，在其他各行各业中都在发生。移动互联网的发展，更是让全世界的商品和服务来到我们面前。如何对抗选择的暴力，从竞争中胜出，赢得顾客的选择而获取成长的动力，就成了组织生存的前提。

这种"选择的暴力"，只是展示了竞争残酷性的一个方面。另一方面，知识社会带来的信息爆炸，使得本来极其有限的顾客心智更加拥挤不堪。根据哈佛大学心理学博士米勒的研究，顾客心智中最多也只能为每个品类留下七个品牌空间。而特劳特先生进一步发现，随着竞争的加剧，最终连七个品牌也容纳不下，只能给两个品牌留下心智空间，这就是定位理论中著名的"二元法则"。

⊖ 本书中文版已由机械工业出版社出版。

在移动互联网时代，特劳特先生强调"二元法则"还将演进为"只有第一，没有第二"的律则。任何在顾客心智中没有占据一个独一无二位置的企业，无论其规模多么庞大，终将被选择的暴力摧毁。这才是推动全球市场不断掀起并购浪潮的根本力量，而不是人们通常误以为的是资本在背后推动，资本只是被迫顺应顾客心智的力量。特劳特先生预言，与未来几十年相比，我们今天所处的竞争环境仍像茶话会一般轻松，竞争重心转移到心智将给组织社会带来空前的紧张与危机，因为组织存在的目的，不在于组织本身，而在于组织之外的社会成果。当组织的成果因未纳入顾客选择而变得没有意义甚至消失时，组织也就失去了存在的理由与动力。这远不只是黑格尔提出的因"历史终结"带来的精神世界的无意义，而是如开篇所引马克思的唯物史观所揭示的，关乎社会存在的根本柱石发生了动摇。

走进任何一家超市，或者打开任何一个购物网站，你都可以看见货架上躺着的大多数商品，都是因为对成果的定位不当而成为没有获得心智选择力量的、平庸的、同质化的产品。由此反推，这些平庸甚至是奄奄一息的产品背后的企业，及在这些企业中工作的人们，他们的生存状态是多么地令人担忧，这可能成为下一个社会急剧动荡的根源。

吊诡的是，从大数据到人工智能等科技创新不但没能缓解这一问题，反而加剧了这种动荡。原因很简单，新科技的运用进一步提升了组织内部的效率，而组织现在面临的挑战主要不在内部，而是外部的失序与拥挤。和过去的精益生产、全面质量管理、流程再造等管理工具一样，这种提高企业内部效率的"军备竞赛"此消彼长，没有尽头。如果不能精准定位，企业内部效率提高再多，也未必能创造出外部的顾客。

新生产工具：定位

在此背景下，为组织准确定义成果、化"选择暴力"为"选择动力"的新生产工具——定位（positioning），在 1969 年被杰克·特劳特发现，通过大幅提升企业创造顾客的能力，引发第三次生产力革命。在谈到为何采用"定位"一词来命名这一新工具时，特劳特先生说："《韦氏词典》对战略的定义是针对敌人（竞争对手）确立最具优势的位置（position）。这正好是定位要做的工作。"在顾客心智（组织外部）中针对竞争对手确定最具优势的位置，从而使企业胜出竞争赢得优先选择，为企业源源不断地创造顾客，这是企业需全力以赴实现的成果，也是企业赖以存在的根本理由。特劳特先生的核心著作是《定位》[⊖]《商战》[⊜]和《什么是战略》，我推荐读者从这三本著作开始学习定位。

定位引领战略

1964 年，德鲁克出版了《为成果而管理》[⊜]一书，二十年后他回忆说，其实这本书的原名是《商业战略》，但是出版社认为，商界人士并不关心战略，所以说服他改了书名。这就是当时全球管理界的真实状况。然而，随着前两次生产力革命发挥出巨大效用，产能过剩、竞争空前加剧的形势，迫使学术界和企业界开始研究和重视战略。一时间，战略成为显学，百花齐放，亨利·明茨伯格甚至总结出了战略学的十大流派，许多大企业也建立了自己的战略部门。战略领域的权威、哈佛商学院迈克尔·波特教授总结了几十年来的研究成果，清晰地给出了一个明确并且被企业界和学术界最广泛接受的定义："战略，就是创造一种独特、有利的定位。""最高管理层的核心任务是制定战略：界定并宣传公司独特的定位，进

⊖⊜⊜　这三本书中文版已由机械工业出版社出版。

行战略取舍，在各项运营活动之间建立配称关系。"波特同时指出了之前战略界众说纷纭的原因，在于人们未能分清"运营效益"和"战略"的区别。提高运营效益，意味着比竞争对手做得更好；而战略意味着做到不同，创造与众不同的差异化价值。提高运营效益是一场没有尽头的军备竞赛，可以模仿追赶，只能带来短暂的竞争优势；而战略则无法模仿，可以创造持续的长期竞争优势。

定位引领运营

企业有了明确的定位以后，几乎可以立刻识别出企业的哪些运营动作加强了企业的战略，哪些运营动作没有加强企业的战略，甚至和战略背道而驰，从而做到有取有舍，集中炮火对着同一个城墙口冲锋，"不在非战略机会点上消耗战略竞争力量"（任正非语）。举凡创新、研发、设计、制造、产品、渠道、供应链、营销、投资、顾客体验、人力资源等，企业所有的运营动作都必须能够加强而不是削弱定位。

比如美国西南航空公司，定位明确之后，上下同心，围绕定位建立了环环相扣、彼此加强的运营系统：不提供餐饮、不指定座位、无行李转运、不和其他航空公司联程转机、只提供中等规模城市和二级机场之间的短程点对点航线、单一波音737组成的标准化机队、频繁可靠的班次、15分钟泊机周转、精简高效士气高昂的员工、较高的薪酬、灵活的工会合同、员工持股计划等，这些运营动作组合在一起，夯实了战略定位，让西南航空能够在提供超低票价的同时还能为股东创造丰厚利润，使得西南航空成为一家在战略上与众不同的航空公司。

所有组织和个人都需要定位

定位与管理一样，不仅适用于企业，还适用于政府、医院、学校等各类组织，以及城市和国家这样的超大型组织。例如岛国格林纳达，通过从"盛产香料的小岛"重新定位为"加勒比海的原貌"，从一个平淡无奇的小岛变成了旅游胜地；新西兰从"澳大利亚旁边的一个小国"重新定位成"世界上最美丽的两个岛屿"；比利时从"去欧洲旅游的中转站"重新定位成"美丽的比利时，有五个阿姆斯特丹"等。目前，有些城市和景区因定位不当而导致生产力低下，出现了同质化现象，破坏独特文化价值的事时有发生……同样，我们每个人在社会中也一样面临竞争，所以也需要找到自己的独特定位。个人如何创建定位，详见"定位经典丛书"之《人生定位》，它会教你在竞争中赢得雇主、上司、伙伴、心上人的优先选择。

定位客观存在

事实上，已不存在要不要定位的问题，而是要么你是在正确、精准地定位，要么你是在错误地定位，从而根据错误的定位配置企业资源。这一点与管理学刚兴起时，管理者并不知道自己的工作就是做管理非常类似。由于对定位功能客观存在缺乏"觉悟"，即缺乏自觉意识，企业常常在不自觉中破坏已有的成功定位，挥刀自戕的现象屡屡发生、层出不穷。当一个品牌破坏了已有的定位，或者企业运营没有遵循顾客心智中的定位来配置资源，不但造成顾客不接受新投入，反而会浪费企业巨大的资产，甚至使企业毁灭。读者可以从"定位经典丛书"中看到诸如 AT&T、DEC、通用汽车、米勒啤酒、施乐等案例，它们曾盛极一时，却因违背顾客心智中的定位而由盛转衰，成为惨痛教训。

㊀ 本书中文版已由机械工业出版社出版。

创造"心智资源"

企业最有价值的资源是什么？这个问题的答案是一直在变化的。100 年前，可能是土地、资本；40 年前，可能是人力资源、知识资源。现在，这些组织内部资源的重要性并没有消失，但其决定性的地位都要让位于组织外部的心智资源（占据一个定位）。没有心智资源的牵引，其他所有资源都只是成本。企业经营中最重大的战略决策就是要将所有资源集中起来抢占一个定位，使品牌成为顾客心智中定位的代名词，企业因此才能获得来自顾客心智中的选择力量。所以，这个代名词才是企业生生不息的大油田、大资源，借用德鲁克的用语，即开启了"心智力量战略"（mind power strategy）。股神巴菲特之所以几十年都持有可口可乐的股票，是因为可口可乐这个品牌本身的价值，可口可乐就是可乐的代名词。有人问巴菲特为什么一反"不碰高科技股"的原则而购买苹果的股票，巴菲特回答说，在我的孙子辈及其朋友的心智中，iPhone 的品牌已经是智能手机的代名词，我看重的不是市场份额，而是心智份额（大意，非原语）。对于巴菲特这样的长期投资者而言，企业强大的心智资源才是最重要的内在价值及"深深的护城河"。

衡量企业经营决定性绩效的方式也从传统的财务盈利与否，转向为占有心智资源（定位）与否。这也解释了为何互联网企业即使不盈利也能不断获得大笔投资，因为占有心智资源（定位）本身就是最大的成果。历史上，新生产工具的诞生，同时会导致新生产方式的产生，这种直取心智资源（定位）而不顾盈利的生产方式，是由新的生产工具带来的。这不只发生在互联网高科技产业，实践证明传统行业也完全适用。随着第三次生产力革命的深入，其他产业与非营利组织将全面沿用这一新的生产方式——第三次"更聪明地工作"。

伟大的愿景：从第三次生产力革命到第二次文艺复兴

第三次生产力革命将会对人类社会的"上层建筑"产生何种积极的影响，现在谈论显然为时尚早，也远非本文、本人能力所及。但对于正大步迈入现代化、全球化的中国而言，展望未来，其意义非同一般。我们毕竟错过了前面两次生产力爆炸的最佳时机，两次与巨大历史机遇擦肩而过（万幸的是，改革开放让中国赶上了这两次生产力浪潮的尾声），而第三次生产力浪潮中国却是与全球同步。甚至，种种迹象显示：中国很可能正走在第三次生产力浪潮的前头。继续保持并发展这一良好势头，中国大有希望。李泽厚先生在他的《文明的调停者——全球化进程中的中国文化定位》一文中写道：

> 注重现实生活、历史经验的中国深层文化特色，在缓和、解决全球化过程中的种种困难和问题，在调停执着于一神教义的各宗教、文化的对抗和冲突中，也许能起到某种积极作用。所以我曾说，与亨廷顿所说相反，中国文明也许能担任基督教文明与伊斯兰教文明冲突中的调停者。当然，这要到未来中国文化的物质力量有了巨大成长之后。

随着生产力的发展，中国物质力量的强大，中国将可能成为人类文明冲突的调停者。李泽厚先生还说：

> 中国将可能引发人类的第二次文艺复兴。第一次文艺复兴，是回到古希腊传统，其成果是将人从神的统治下解放出来，充分肯定人的感性存在。第二次文艺复兴将回到以孔子、庄子为核心的中国古典传统，其成果是将人从机器的统治下（物质机器与社会机器）解放出来，使人获得丰足的人性与温暖的人情。这也需要中国的生产力足够发展，经济力量足够强大才可能。

历史充满了偶然，历史的前进更往往是在悲剧中前行。李泽厚先生曾提出一个深刻的历史哲学：历史与伦理的二律背反。尽管历史与伦理二者都具价值，二者却总是矛盾背反、冲突不断，一方的前进总要以另一方的倒退为代价，特别是在历史的转型期更是如此。正是两次世界大战付出了惨重的伦理道德沦陷的巨大代价，才使人类发现了泰勒生产方式推动历史前进的巨大价值而对其全面采用。我们是否还会重演历史，只有付出巨大的代价与牺牲之后才能真正重视、了解定位的强大功用，从而引发第三次生产力革命的大爆发呢？德鲁克先生的实践证明，只要知识阶层肩负起对社会的担当、责任，我们完全可以避免世界大战的再次发生。在取得这一辉煌的管理成就之后，现在再次需要知识分子承担起应尽的责任，将目光与努力从组织内部转向组织外部，在顾客心智中确立定位，引领组织内部所有资源实现高效配置，为组织源源不断创造顾客。

现代化给人类创造了空前的生产力，也制造了与之偕来的种种问题。在超大型组织巨大的能力面前，每一家小企业、每一个渺小的个人，将如何安放自己，找到存在的家园？幸运的是，去中心化、分布式系统、网络社群等创新表明，人类似乎又一次为自己找到了进化的方向。在秦制统一大帝国之前，中华文明以血缘、家族为纽带的氏族部落体制曾经发展得非常充分，每个氏族有自己独特的观念体系："民为贵""以义合""合则留，不合则去"等。不妨大胆地想象，也许未来的社会，将在先进生产力的加持下，呈现为一种新的"氏族社会"，每个人、每个组织都有自己独特的定位，以各自的专长、兴趣和禀赋为纽带，逐群而居，"甘其食，美其服，安其居，乐其俗"，从而"各美其美，美人之美，美美与共，天下大同"。人类历史几千年的同质性、普遍性、必然性逐渐终结，每个个体的偶发性、差异性、独特性日趋重要，如李泽厚先生所言："个体积淀的差异性将成为未来世界的主题，这也许是乐观的人类的未来，即万紫千红百花齐放的个体独特性、差异性的全面实现。"在这个过程中，企业也将打破千篇一律的现状，成为千姿百态生活的创造者，生产力必然又一次飞跃。

人是目的，不是手段。这种丰富多彩、每个个体实现自己独特创造性的未来才是值得追求的。从第三次生产力革命到第二次文艺复兴，为中国的知识分子提供了一个创造人类新历史的伟大愿景。噫嘻！高山仰止，景行行止，壮哉伟哉，心向往之……

邓德隆

特劳特伙伴公司全球总裁

写于 2011 年 7 月

改于 2021 年 11 月

近几年，企业主管比以往更急切地寻求成功模型，而汤姆·彼得斯（Tom Peters）与人合著的畅销书《追求卓越》（1982年出版）对该潮流更是起到了推波助澜的作用。

如书中所述，卓越，并不等同于持久；但很多成功的模型从初创之际就开始具备了卓越的性质。

该书以麦肯锡公司对75家备受推崇的公司的研究报告为基础，包括大量的针对性访谈和一份25年的文献回顾。要达到"卓越"的标准，每个顶尖公司都必须在实现快速增长和经济健康发展的两项长跑中获得双赢。但这本极受欢迎的著作面世不久，许多表现卓越的企业就相继陷入了困境，例如数字设备（Digital Equipment, DEC）、IBM、数据通用（Data General）、凯马特（Kmart）和柯达（Kodak）。回想起来，也许该书改名为《寻求战略》更为恰当。

书中得出的经验依旧是像老婆婆如何制作苹果派一样老掉牙：要贴近消费者，坚持企业的价值观，充分开发人力资源，以价值观引导行动，恪守本业。⊖而我最喜欢其中的"敏于行"。下面

⊖ 汤姆·彼得斯提出卓越公司必须具有的八项特质：1. 采取行动（a bias for action）；2. 接近顾客（close to the customer）；3. 自主与创业精神（autonomy and entrepreneurship）；4. 以人为本（productivity through people）；5. 价值驱动（hands on; value driven）；6. 坚持本业（stick to the knitting）；7. 组织简单，人事精简（simple form;lean staff）；8. 宽严并济（simultaneous loose-tight properties）。——译者注

这段话是数字设备（DEC）公司的高级主管说的，过去常被引用："每当我们遇到重大难题，我们就邀十位高级管理人员齐聚一室，商讨一周，他们就拿出了解决方案并加以执行。"可事实证明，拿出的解决方案根本不好使。"闭门造车"带来的失败教训已经数不胜数。

汤姆·彼得斯后来的著作也没能为人们提供更多的指南，《财富》杂志的文章评论道："与汤姆·彼得斯谈得越多，你就会发现在整个20世纪90年代中，汤姆·彼得斯花了太多时间来谈论灵光乍现的故事，而那都是些无法复制的案例。"

新近风靡的畅销书是由詹姆斯·柯林斯（James Collins）和杰里·波拉斯（Jerry Porras）合著的《基业长青》（Harper Collins出版社，1994年版）。在书中，他们满腔热忱地描述了"伟大而又勇敢的目标"将波音（Boeing）、沃尔玛（Wal-Mart）、通用电气（General Electric）、IBM等公司变成今天这样的巨人。

《基业长青》作者推崇并鼓励企业去效仿的成功公司均创建于1912（花旗集团）～1945年（沃尔玛）之间。在当时，这些公司没有遭遇如今这般惨烈的全球竞争。这些巨人的成功虽有可借鉴之处，但我们必须清楚它们具有得天独厚的优势，即处在竞争不激烈的时代。因此，对于现今的企业而言，这些成功模型并不适用。

我有一个更好的方法。

即从失败中学习，不仅更为容易，而且对市场营销是否行之有效的方式提供了更透彻的分析。我们常说失败是成功之母。超级大企业的经营起伏展示了它们的通病。从盛极一时到步履维艰的企业在现实中为数不少。

熟悉我的读者会在本书中发现不少眼熟的案例。虽然我以前就写过这些公司，但这一次我用的是显微镜，细察使它们陷入困境的关键原因，并提出或许能够挽救的建议。

在案例中，我首次以自己的个人经验进行评判。这不是一本百科全书，但通过客观的分析，能让读者明了：一个资金充足、业绩非凡的企业逐渐陷入大麻烦之中是多么地轻而易举。

而且，大麻烦解决起来可并非轻而易举。

POSITIONING

第 1 章

大企业的通病及其惨痛代价

很久以前，即20世纪60年代早期，我在通用电气开始了我的职业生涯。现在看来，那真是一段美好时光。众所周知，在那时，竞争还未出现。

当时通用电气唯一的全线竞争对手为西屋电气（Westinghouse）公司，但以今天的标准来衡量，该企业并算不上是一个真正的竞争对手。西屋电气只是一名参赛者，但通用电气则视之为必要的存在对手，因为如果连那点儿竞争都没有，政府就会不客气地将通用电气拆分，以防止其对行业形成垄断。

当时，首席执行官们认为他们有能力最终挽回所有受损的业务，这使人人对犯错误无所畏惧（此时杰克·韦尔奇还未到通用电气。在他接管通用电气之后，公司所有员工都对犯错误感到恐惧了）。

什么改变了

如今，众多的竞争对手会趁你犯错误之机，迅猛地将你公司的业务抢走。除非其他竞争者接着犯错，否则公司夺回业务的概率微乎其微。期许竞争对手犯错就像在赛跑中奢望其他参赛者会跌倒一样，显然不是明智之举。

更糟糕的是，每场比赛中都有众多的参赛者。无论在哪一个品类，消费者都遭受着"选择的暴力"（tyranny of choice），他们面对着太多太多的选择，只要你有一个失误，马上，不是一个，而是成百上千个竞争对手就把你的生意拿跑了。而且更坏的是，你再也拿不回来了，它永远离你而去（第2章中通用汽车的案例就颇有戏剧性地阐明了该问题）。

接下来的章节阐述了某些公司所犯的错误以及为此付出的惨痛代价。但在此之前，书中首先介绍了在当今的超级竞争时代，企业最容易犯的低级错误以及这些错误给我们带来的启发。

错误一：跟风

很多人相信市场营销的基本法则是让潜在顾客相信他们能够提供更好的产品或服务。他们自己对自己说："我们或许不是第一个，但是我们会成为更好的一个。"

这也许是事实，但如果进入市场太迟，而必须与已经拥有优势的竞争对手作战，该营销战略则很可能是错误的。跟风不起作用。

想想当年百事公司为推出柠檬酸系列苏打饮料所做的一切吧。虽然超市货架上的苏打类产品已经泛滥成灾，销售平平，但百事公司还是推出了山雾汽水（Sierra Mist），以对抗雪碧和七喜⊖。这已经是百事公司继前两次失败后的第三次尝试（此前为Slice和另一款叫"风暴"的产品）。

百事公司的推广战略是——"更好的"苏打类饮料。百事公司负责营销和战略的高级副总裁唐·赫德森在《华尔街日报》上自吹自擂，说山雾汽水将带给消费者一款"更清澈、更清淡、更新鲜的柠檬酸饮料"。

⊖ 1986年七喜被百事公司收购，现为百事公司旗下品牌。——译者注

那我们就拭目以待吧，但我可对它不看好，因为它太像一个"跟风"产品了。

跟风产品存在另一个缺陷，第一个进入市场的品牌通常会成为该品类的代名词。施乐（Xerox）、舒洁（Kleenex）、可口可乐（Coke）、斯柯齐胶带（Scotch Tape）、戈尔特斯（Gore-Tex）、疯狂快干胶（Krazy Glue）、棉花棒（Q-tips），相对于它们的跟风品牌而言，均拥有"先发制人"的巨大优势。

如果市场营销获胜的秘诀是抢先进入目标消费者的心智，那么目前绝大多数的公司又采用什么战略呢？更好的产品战略。标杆分析法⊖是目前企业管理领域很流行的主题，它打着"终极竞争战略"的旗号，比较和评估公司的产品与行业最佳产品的距离。在"全面质量管理"（TQM）流程中这是关键的一环。

但是当人们不考虑产品的客观质量，而只相信他们最先认知的品牌更好的时候，标杆分析法就失去了作用。跟风就等于二流，营销是一场认知之战，而不是产品之战。

要打进市场，"差异化"才是胜人一筹的战略。你和其他竞争对手的产品有何不同？如果能清晰地表述出产品实质性的差异，你就能远离跟风的陷阱。（怎么做到这一点？请参阅我的另一本书《与众不同》（*Differentiate or Die*）⊜）。

⊖ 标杆分析法又称基准分析法，指将本企业各项活动与从事该项活动的最佳者进行比较，从而提出行动方法，以弥补自身的不足。——译者注
⊜ 本书中文版已由机械工业出版社出版。

错误二：不知所卖何物

说起来人们会惊讶，多年来，我花了大量时间帮助企业搞清楚它们卖的究竟是什么。以通俗易懂的方式来界定产品是非常重要的。

无论企业大小，每当遇到新产品和新技术的时候，都曾经历过一段描述产品的艰难时期。如果介绍产品不清晰，销售产品的努力就成了白费力气。

要在消费者心智中建立产品的定位，必须从"这个产品是什么"开始。人们根据产品类别来储存信息。如果对潜在顾客描述的产品类别让人迷惑不解，那进入消费者心智的概率就微乎其微。

PDA是什么

当苹果电脑公司推出产品牛顿（Newton），一款称为"PDA"的新产品时，想想看他们会遇到什么问题？

毫无疑问，他们面临的最大定位问题就是："我们卖的是什么？"

公司第一份印刷广告提出："牛顿是什么？"电视广告则尽是提问："牛顿是什么？牛顿在哪里？谁是牛顿？"

然而，苹果电脑公司并没有以通俗易懂的方式解答这些问题。

PDA即"个人数据助手"（persona digital assistant），并非产品类别，也不大可能成为独立的品类（PDA也被有人戏称为"真他妈抽象"，pretty damned abstract）。

企业无法创造品类，用户可以。到目前为止，用户并没有把PDA视做一个品类。听说过有人问其他人的PDA吗？这个词听起来像医学上的疾病名称，连商业刊物都以"掌上操作"作为该类产品的代名词。

而且这件事情并非企业的力量所能左右。你的产品名称消费者或用，或不用。如果他们不用，你就必须放弃这个名称，另外去寻找一个新的品类名。

牛顿消失了，而奔迈（Palm）——一个操作简单、高科技的掌上电脑成为了最大的赢家。

明晰所销售的产品

面对为所销售的产品命名这一艰巨任务时，应先从简单分析新产品的工作原理开始，然后试着用相关词语描述产品。当汽车诞生时，人们称其为"不用马拉的马车"（简单明了地描述了汽车的工作原理）。"有线电视"则对整个电视系统的工作原理做了准确的描述。

市场营销中最大的成功源于对产品最基本和有力的描述。

多年以前，一家名为"天腾"（Tandem）的公司利用"容错电脑"的品名在市场中站稳了脚跟。

王子（Prince）公司利用"加大型球拍"颠覆了网球拍行业。

奥维尔·雷登贝克（Redenbacher）用"美食家爆米花"震撼了爆米花市场。

这些产品的概念都简单易懂。消费者能够清楚地知道，这些公司在卖什么，它们的产品究竟有什么不同。

为你的产品确定一个通俗易懂的名称

为了提高销售产品的成功率，有时候需要调整对产品的描述。名为冠石（Keystone）的阀门公司，曾把产品命名为"直角回转阀"。虽然该名准确地描述了阀门的工作原理，却使消费者对该产品感到很费解。当我仔细地查阅了产品说明书后，发现该产品就是件"零泄露阀门"，这才是对该产品更精准的说明。

通用磨坊也发生过销售重心转换。当时公司在讨论如何增加其著名的"帮手"系列（汉堡包、鸡肉和金枪鱼）的销量。该系列原为肉制品延伸的副产品在市场上销售。但当该系列产品在市场上销售火爆时，原来将其视为延伸副产品的概念就不合时宜了。

该产品可以这样看，它把所有的配料混合，再形成各式各样的砂锅菜。既然通用磨坊已经销售了上亿美元的"帮手"，你也可以说"帮手"是"美国流行的砂锅菜做法"。该系列共有57种口味，贝蒂妙厨⊖的很多食谱都采用了其系列产品。

开胃的砂锅菜肴风靡了美国的各个收入阶层（嘿，大名鼎鼎的玛莎·斯图尔特⊜都在做呀）。甚至连美国癌症研究所都赞许说，砂

⊖　Betty Crocker，通用磨坊旗下的蛋糕粉品牌。——译者注
⊜　Martha Stewart，美国家政女王，她是美国历史上第一位拥有自己的上市媒体公司的女亿万富翁。在20多年间，她通过电视、广播、杂志以及数十本著作，对全球超过千万户的家庭兜售烹饪、持家、装潢、育子的秘诀，缔造了一代美国妇女的生活观念。——译者注

锅菜将一道简单的菜式融汇了更多的营养。

要使汉堡"帮手"系列成为更响亮的品牌，取决于公司对产品更明晰的表述。

改变认知很困难

调整产品概念必须谨慎，因为改变消费者或潜在顾客的认知并非易事。只要对产品类别有个一知半解，消费者就会自以为是。头脑认知通常被认为是普遍真理，就一般人的心理而言，大家都认为自己很少犯错。

其后的各章节都对该问题进行了案例说明，例如，施乐试图使消费人群相信其公司不仅仅是一家复印机公司，但以失败而告终。

为何金宝汤（Campbell's soup）在美国市场独占鳌头，到了英国却默默无闻？为何亨氏（Heinz）汤料在英国排行老大，在美国却一败涂地？市场营销是认知之战，不是产品之战。市场营销就是进入消费者认知的过程。

某些软饮料公司的经理们曾经认为，市场营销是口味之争。可口可乐公司曾推出一款口感更甜的可乐，并做了一份20万样本的口味测试。口味测试报告显示"新可乐"的味道比百事可乐更好，也优于可乐的原始配方（如今称为"经典可口可乐"）。

然而，最后的结局人人皆知，测试研究中口味最差的经典可口可乐，迄今仍为最畅销的可乐，新可乐无人问津。

你只相信你愿意相信的，你只喝你想喝的。软饮料市场营销是认知之战，不是口味之争。

错误三：真相终会水落石出

因为不懂得市场营销是认知之战这个简单道理，每年有成百上千的准企业家为此栽了跟头。

市场营销人员在研究中全力以赴，力图"找出真相"。他们分析局势，确认掌握了市场真相，然后信心十足地向市场进军，坚信拥有最优质的产品而终将赢得胜利。

这仅仅是假象。没有客观现实，没有真相，没有最好的产品。在市场营销的世界里，所有的一切都取决于消费者或潜在顾客的认知，认知才是现实，其他均为假象。

市场营销的错误大多来源于假设营销人员在打一场实际的产品之战。被营销人员视为市场的自然法则其实建立在错误的假设之上：产品是营销战中的英雄，企业的输赢取决于产品的优劣。因此，当人们用自然的、合乎逻辑的方式去推销产品时，会屡遭败绩。

错误四："别人的概念"

推出跟风产品是糟糕透顶的，搞跟风概念同样问题重重：在潜在顾客的心智里，两个公司不可能共享相同的概念。

当竞争者在潜在顾客的心智中已经占有定位时，所有试图再去占据相同定位的努力都是徒劳。

沃尔沃汽车抢先占据了"安全"的概念。很多汽车公司，包括梅赛德斯—奔驰和通用汽车都曾经尝试发起以安全为理念的营销战。然而除了沃尔沃之外，没有哪家公司能成功地在潜在顾客的心智中留下"安全"的概念。

在小型干电池领域，还有一起以抢夺别人已建立的概念为目标而发起大规模市场营销活动的案例：劲量电池（Energizer）极力想掉走金霸王电池（Duracell）"耐用"的概念，甚至连金霸王广告中的粉红色小兔子也照葫芦画瓢地抄袭下来。然而，无论该公司投入了多少精力进行海量宣传，金霸王始终牢牢占据着"耐用"的概念。因为金霸王品牌已第一个进入了消费者的头脑并占据了这个词，连品牌名Duracell中的缀词——"Dura"（耐久之意）都在向消费者传达这一定位信息。

市场调研的误导

所谓的市场调研往往将大公司引入死胡同。雇用多家市场调研公司，分好焦点小组[⊖]，制好问卷——最后到手的是一份重约一公斤的报告，罗列了一大串消费者所希望的产品或服务，声称这就是消费者之所想和所需的产品，公司务必生产提供。

使用电池时，人们遇到的最大问题是什么？电池总在最不方便的时候没电。因此电池的首要性是什么？当然是使用寿命长。如果消费者需要使用寿命长的电池，我们理应以此来大做广告。对吗？错。

市场调研人员未能说明已有其他公司占据了此概念。他们宁愿

⊖ 焦点小组：市场调研的一种方式，通常是由市场调研公司召集6～8个消费者聚到一起，在一个主持人的引导下对某一主题进行深入讨论。目的在于了解消费者对于这一主题的看法以及影响这种看法的背后原因。——译者注

鼓励客户去实施大规模的营销计划。其理论根据为：只要花费够，概念就可拥有。对吗？错。

几年前，汉堡王（Burger King）开始走下坡路，此后一直未能恢复元气。当时的市场调查显示，快餐食品最重要的是"快"（这不离谱），因此汉堡王如同充满激情的营销人员一样，忙不迭地告知其广告代理商："如果世人需要快，我们的广告就应该让消费者明白，我们快得很。"

然而，市场调查没有强调麦当劳早已被消费者认为是全国最快的汉堡连锁店，"快"属于麦当劳。即便如此，无畏的汉堡王还是发起了名为"快餐时代的最佳食品"广告活动。该活动迅速演变成一场灾难，广告代理商被解聘，管理层被炒鱿鱼，公司被收购，颓势一发不可收拾。

年轻的营销人要逆向思维

当无法与竞争对手共享定位概念时，就必须独辟蹊径，找出产品其他的独特属性。

很多企业都力图效仿领跑者，"既然他们成功了，就一定知道什么最有效"，"我们照葫芦画瓢就行了。"⊖此举实为下策。

上策为：找出与领跑者产品不同的品质，使之可以与领跑者博弈。关键词是"不同"，而非"相似"。

可口可乐是可乐的原创者，因此成为年长消费者的选择。百事可乐成功地将自己定位为"新一代的选择"。这已经是陈年旧事了。

⊖ 即采用前文所说的标杆分析法。——译者注

最近，百事可乐在推广产品"快乐"，而可口可乐在推广"享乐"，能想象两家企业都在推广同一概念吗？在我看来，它们就像串通好了一样。

自从佳洁士占据了"防止蛀牙"的概念后，其他牙膏品牌就避开"防止蛀牙"而主打其他属性，如味道、洁白、清新口气、去牙斑、除菌等。

市场营销是一场概念之争。想获取成功，就必须将所有的努力都聚焦在自有产品的特有概念或属性上，否则，公司就必须采用低价策略。

营销人员认为产品的属性不是对等的，对消费者来说有些远比其他属性重要，公司理应努力去占据最重要的属性。这点没错，但如果已经失去了抢占领导属性的机会，则退而求其次——这总胜过一无所获吧。

错误五："我们很成功"

成功往往产生自大，自大则导致失败。一旦获得成功，人很难保持客观的看法，而常以自己的主观判断代替市场的实际需求。

随着日渐成功，通用汽车、西尔斯（Sears）、IBM等公司变得狂妄自大，以为自己可以在市场上为所欲为。成功诱发了麻烦。

美国数字设备公司（DEC）把迷你电脑带入市场。白手起家的DEC成为拥有140亿美元资产的巨型公司。DEC的创始人肯尼斯·奥尔森（Kenneth Olsen）的成功使他对自己关于计算机领域的判断深信不疑，他对市场先后出现的个人电脑、开放系统以及精简指令集（reduced instruction set computing）统统嗤之以鼻。换言之，肯尼斯·奥尔森对计算机产品的三项重大发展突破均视而不见（趋势犹如潮汐，不可逆水行舟）。在第4章中，我将剖析DEC的失败。

企业越大，首席执行官就越容易与前线失去联系。这或许是唯一制约大企业发展的关键要素。除此之外，其他的都对大企业有利。市场就是战场，而赢得战争的首要原则就是兵力原则。兵力越充足，企业规模越庞大，拥有的优势就越多。

但是，如果大企业忽视了在市场中对消费者心智的争夺⊖，就丧失了部分优势。

通用汽车的罗杰·史密斯（Roger Smith）⊜和罗斯·佩罗特（Ross Perot）⊜两人之间的交火就说明了这一问题。罗斯·佩罗特在担任通用汽车董事的时候，每个周末都在拜访经销商和销售汽车中度过，他对任首席执行官的罗杰·史密斯没有像他这么做持批评态度。

佩罗特说，"我们得使用原子弹去炸毁通用汽车公司中僵硬落后的体制。"他主张将通用汽车公司的恒温车库、配有专职司机的豪华轿车以及高级主管专用餐厅统统取消（与从政相比，佩罗特对经商更在行）。

跟大公司相比，小公司的首席执行官更接近前线。这也许是小公司们在过去几十年取得快速增长的一个原因，它们还没有因为成功而骄傲自满。

⊖ 即本书中所强调的"前线"。——译者注
⊜ 罗杰·史密斯，通用汽车公司第八任首席执行官。——译者注
⊜ 罗斯·佩罗特，通用汽车公司的董事。——译者注

错误六："面面俱到"

当公司试图去满足消费者的所有需求时，就不可避免地陷入麻烦之中。对此，一位经理说得好："我宁愿某处强，也不愿意处处弱。"

这种"面面俱到"的观念导致了所谓的"品牌延伸"。从狭义来看，品牌延伸是将成功产品的品牌名称（如：A1烤牛排酱料）直接用于另一个新产品上（如：A1烤禽类酱料）。

听起来很靠谱。"我们生产的A1烤牛排酱料是市场的主导品牌。但越来越多的人开始不吃牛肉，改吃鸡肉了，那我们就推出一款烤禽类酱料吧。A1作为新品牌名称最合适。消费者会由此得知该烤禽类肉酱料就是著名A1牛排酱料生产商的产品。"

但是，市场营销是认知之战，而非产品之战。在消费者的观念中，A1不是品牌名，而是酱料本身。消费者只会说："请递给我A1好吗？"没有人会反问："A1的什么酱？"

毫无疑问，A1烤禽类酱料的上市以失败而告终。

"使区隔模糊"

当你的产品在市场上已拥有一个清晰的区隔时，推出多版本的结果只会让该产品信息的传达变得越来越混乱。

雪佛兰汽车（Chevrolet）曾是一款性价比优越的家庭用车，并居销量的首位。而后公司无休止地推出不同款式，使其演变成"四不像"：有便宜款式，又有昂贵款式，有房车类，也有运动跑车型，有卡车类，也有货车型，无所不包。今天，雪佛兰销量已跌到了第四位。

对于很多企业来说，品牌延伸是条捷径。因为建立一个新品牌不仅需要充足的资金，还需要好的创意或概念。新品牌若要成功，其产品必须在新品类中居首，或定位成与领导品牌非此即彼的选择。○大公司通常是坐等新市场发展成形之后，才发现首要和次要的主导品牌的定位机会早已被占据，所以转向可靠的老套路——品牌延伸，麻烦也随之而来（第10章我将对该错误进行更详细的讲述）。

错误七："靠数据生存"

大企业通常面临这样的困境：一方面，华尔街盯着追问："你们下个月、下个季度、下一年的销售额和利润准备增长多少？"另一方面，无数的竞争者也盯着它们，声称："只要有我们在，就绝不会让你增长。"

结果如何？首席执行官们一边对华尔街编织谎言，一边扭头告诉营销人员他所期望的利润和增长率。然后，他们匆忙赶回办公室，绞尽脑汁去创造那些荒唐的数字。

对收入增长率（earnings growth）做出轻率的预估，通常会导致企业迷失目标，股票受创，甚至做假账，更甚者则导致企业做出错误的决策。

一旦造成惶恐心态，公司高管们便跌入了品牌延伸即"面面俱

○　如可乐市场中百事可乐与可口可乐、高档轿车中宝马与奔驰。——译者注

到"的陷阱，以便拉高销售数字。他们宁愿四处开战，处处挨打，也不愿意集中精力将产品在某方面锻造得更为突出。他们唯一的希望就是在碰壁之前升职了（在第2章中我将为大家讲述通用汽车的真实案例）。

更好的方向

增长只是办事正确的结果。但就其本身而言，增长并不是一个值得追求的目标。事实上，追逐增长是设立无法完成之目标的罪魁祸首。

首席执行官们追求增长是为确保任期和增加薪水，华尔街的经纪人追求增长是为保住名声和维持高收入。

抢占市场份额才是更为简单而有力的目标，而非利润。当出现市场机遇之时，企业的第一要务应该是建立主导性的市场份额。但是太多的企业在地位未稳之前就开始追逐利润了。

使企业强大起来的，不是产品和服务，而是在消费者头脑中的定位。赫兹公司（Hertz）[⊖]的强大不在于汽车的租赁服务，而是公司占据了该行业的领导者地位。保持领导者地位，比夺取领导者地位要容易。

大部分金融大亨都有一套研究市场营销的计算方法，他们认为，企业进入的领域越多，增长速度越快。因此，如果你鼓足勇气决定不让华尔街掌控经营，面对他们的咄咄逼人，你应该怎么做？

你该挺身而出，发表一个我称为"更多即是更少"的演讲。

⊖ 赫兹公司，一家美国汽车租赁公司，规模全球排名第一。——译者注

更多即是更少

如果我们对产品品类进行过长期研究就会发现，增加更多的产品只会弱化增长，而非助其增长。历史已经证明，大型企业收入增长要达到15%（一个让人满意的数字）困难重重，然而仍然有不少的主管们认为他们能达标。

大约在米勒啤酒公司（Miller）[⊖]处于全盛时期的1980年，旗下拥有两个品牌：高品质生活（High life）和淡啤（Lite），销量高达3500万桶。然后公司推出了米勒纯生（Genuine Draft）。截至1990年，米勒啤酒公司的销量已下滑到3200万桶。可公司仍不改初衷，继续推出更多的米勒系列。米勒销量继续下滑，而百威啤酒[⊜]则日益强大。

终于，进行了近20年的品牌延伸之后，米勒啤酒的母公司菲利普·莫里斯公司终于解雇了米勒的管理高层。（他们为何耗了这么久才动手？）

当菲利普·莫里斯公司经历过持续品牌延伸的问题后，再遇到同样的状况理应认清"更多即是更少"的道理。然而该公司的旗舰品牌万宝路却重蹈覆辙。

为保持增长，万宝路把万宝路淡烟引进了万宝路王国，公司先后推出了中醇型、薄荷型甚至超淡型。万宝路品牌销量突然出现了历史上首次下滑。

⊖　米勒啤酒公司，当时美国最大的啤酒公司之一。——译者注
⊜　百威啤酒为另一家巨型啤酒酿造商安海斯–布希公司（Anheuser-Busch）旗下的品牌。——译者注

问题的症结显而易见，真正的牛仔根本不抽薄荷烟和超淡香烟。

菲利普·莫里斯公司倒还不蠢，很快回到正轨，主推万宝路经典的红白包装香烟，万宝路薄荷烟和超淡烟在广告中消失了。

基 本 问 题

品牌延伸产品越多，模糊原来拥有的区隔概念的风险就越大，而区隔概念恰恰是品牌的精髓所在。以万宝路为例，如果万宝路代表着牛仔所青睐的纯正口味，而公司却不断推出其他口味或者淡香口味的产品时，原有的特质（指牛仔青睐的纯正口味香烟）又如何支撑得住呢？

米狮龙啤酒（Michelob）曾经风靡一时，它味道醇厚的高档啤酒，该品牌的拥有者安海斯-布希啤酒公司（Anheuser-Busch）推出米狮龙淡啤（Michelob Light）和米狮龙干啤（Michelob Dry）之后，销量就开始直线下滑。喜力（Heineken）为另一品牌的高档醇厚口味啤酒，它显然吸取了米狮龙啤酒的教训。公司为淡啤取名为阿姆斯特淡啤（Amstel Light），并附以绝妙的差异性概念推出"95卡路里的酒，从未这般爽口"，因而大获成功。

曾有一家叫永备的电池公司（Eveready），其公司战略是——提供消费者所需的所有电池。然后金霸王出现了，金霸王只向市场提供碱性电池，其他种类的电池都不提供。

金霸王成为了耐用碱性电池的专家，以差异化获得成功。金霸王当时不是市场领导者，只推碱性电池也不需要做出牺牲。过分追求增长使市场领导者变得很脆弱，因为它们不愿放弃任何业务，就只能不断地添加新产品。大多数失败的品牌都曾有过好的概念，但都由于推出越来越多的产品而前功尽弃。

这番说辞能让华尔街的人消停吗？可能不会，但可能有助于公司分析师召开有益的研讨会。

错误八："不进行自我攻击"

关于DEC、施乐、AT&T、柯达等大企业如何从缓慢增长到快速增长的文章已经写了不少。当竞争加剧的时候，公司就会面对所谓颠覆性技术革新，如DEC面对台式电脑的革新，施乐遭遇激光打印技术的冲击，柯达则受到数码相机的挑战。

在发生技术变革的时刻要让企业转型绝非易事。首先，股票价格会因转型期投入大、产出少而下跌，这肯定使华尔街感到不安。

当企业的销售力量被新业务所分散时，原有消费者会感到被忽视。对于新的改变，企业内部人员也会有所非议。

知难而进，领导者对此没有其他选择。即使会威胁到基础业务，他们也必须把产品转至拥有更好的概念或技术的领域。否则，当新技术不断改进并成为行业推动力时，公司的未来将遇到大麻烦。

"如何把握"

关键是如何改换门庭。莲花公司发现个人电脑领域已改用视窗操作系统，而微软专为视窗操作系统开发的Excel软件发展迅猛，该公司的图表软件（莲花1-2-3）的应用就受到了威胁。公司做出了正确的抉择，放弃了曾一度统领市场的电子表格业务，集中全力开发Notes群组软件。故事的结局皆大欢喜，IBM以35亿美元的高价收购了莲花及其Notes软件。

吉列刀片（Gillette）通过对产品改进与创新来实现现有品牌的自我革新，为此吉列公司能够保持60%市场份额。公司不断用更优质的刀片接替自己的旧产品。

另外，要考虑是否启用新品牌甚至新公司来开拓新的市场机会。凯迪拉克轿车（Cadillac）本该迅速启用新品牌来反击德国和日本的超豪华轿车，它们却依然用凯迪拉克的牌子打天下，自然毫无胜算（"凯迪拉克"品牌不具有"声望"的特性），失去了一个很重要的细分市场。

麦当劳（McDonald's）曾尝试用麦比萨（McPizza）来反击比萨饼连锁的异军突起，结果惨败。现在麦当劳收购了一家叫"多纳托"（Donato's）的比萨连锁店，使用新品牌"多纳托"而不再使用"麦比萨"，显然这是更好的战略。

世界的变化日新月异，不随变化而谋动所带来的麻烦比任何其他错误都严重。

错误九："不负责"

如果首席执行官或管理高层不负责战略的制定，事情就无法顺利地进展。在当今市场营销的混战中，营销战略事关成败，因此不能由中层管理人员制定。我给一群总经理和首席执行官们做过题为"你是负责人"的演讲后，他们告诉我：他们不想打击部下，他们想把公司当初承诺过的权限给部下。

这对鼓舞士气很有利，但我建议他们考虑借鉴海军的做法。

当海军舰艇出事故的时候，最终责任人不是当时掌舵的年轻军官，而是舰长。他必须回答调查委员会的质询，他的职业生涯很有可能因此而结束。

在当今世界里，每当困难之际，首席执行官必须面对董事会质询。在之后的章节我们会看到，越来越多的首席执行官因此被迫辞职。

如今，如果你身居高职，则必须承担责任，正所谓在其位谋其政。

POSITIONING

第 2 章

通 用 汽 车

忘记自己当初是怎么成功的

通用汽车刚开始的状况如同一团乱麻。1904年，威廉·杜兰特（William Durant）创建了通用汽车。当时，通用汽车的核心思想是收购汽车公司，当时正处于新兴的汽车工业时代，汽车制造商如雨后春笋，层出不穷。杜兰特认为，有一个公司衰败，必有一个公司兴旺，而组合制造可极大地节约资源。直至1910年，通用汽车已收购了17家汽车公司，包括奥兹莫比尔（Oldsmobile）、别克（Buick）和凯迪拉克。

1911年，杜兰特投资路易斯·雪佛兰（Louis Chevrolet）⊖，该公司设计了一款名为"Classic Six"的小轿车。到了1918年，杜兰特拥有的雪佛兰汽车取代了竞争对手福特（Ford），成为美国销量第一的汽车品牌。

阿尔弗雷德·斯隆时代

阿尔弗雷德·斯隆（Alfred Sloan）也是在1918年进入通用汽车，担任营运副总裁。他的搭档是通用汽车的大股东——皮埃尔·杜邦（Pierre S. Du Pont）。当时斯隆接管的是他所称的"非理性产品线"，众多汽车品牌一盘散沙，没有一个统一的指导准则。公司的唯一目标就是卖车，各品牌间经常互相争夺市场份额。1921年公司的车型及价格一览表很能说明问题：

雪佛兰（Chevrolet）　　　　　　　　　　　795～2075 美元

⊖　路易斯·雪佛兰，瑞士赛车手兼工程师，雪佛兰汽车公司创始人。——译者注

奥克兰（Oakland） 1395～2065 美元

奥兹莫比尔（Oldsmobile） 1445～3330 美元

斯克里普斯·布思（Scripps Booth） 1545～2295 美元

谢里登（Sheridan） 1685 美元

别克（Buick） 1795～3295 美元

凯迪拉克（Cadillac） 3790～5690 美元

上述车型中，除了别克和凯迪拉克，其他都在亏损。

斯隆首先得出的结论是：车型太多，雷同太多。通用汽车亟需的是一个产品策略（即今日的"多品牌战略"）。他把车型减至5种，并以价格阶梯作为区隔。最后形成下列阵容：

雪佛兰（Chevrolet） 450～600 美元

庞迪克（Pontiac） 600～900 美元

别克（Buick） 900～1700 美元

奥兹莫比尔（Oldsmobile） 1700～2500 美元

凯迪拉克（Cadillac） 2500～3500 美元

斯隆的基本策略是大批量生产由5个价格、质量依次提升所组成的全线产品，旨在让人们认识通用汽车家族，将消费逐渐引向高档汽车。这是市场细分最早的案例之一。

打 造 品 牌

在斯隆的领导下，通用汽车开始打造品牌。他强调营销和品牌形象的重要性，根据市场来划分部门，并鼓励各部门经理发挥积极性，开拓业务。

五个清晰、强大的品牌出现了：雪佛兰、庞迪克、别克、奥兹莫比尔和凯迪拉克。这五个品牌将通用汽车推向了巅峰，曾一度占有美国57%的市场份额。直到20世纪50年代中期，公司追求更多的市场份额将引来联邦调查局的注意和"拆分通用"的呼吁，这才导致了通用汽车战略上的可怕转型，并使通用汽车的市场份额直线下滑。

获取更多盈利

由于通用汽车的市场领导地位，公司的市场规则从生产更多更好的汽车演变成从相对稳定的销量中赚取更多的利润。1958年，金融出身的弗雷德里克·唐纳（Frederic G. Donner）成为通用汽车的主席兼首席执行官。造车诚可贵，赚钱更重要。各部门失去了自主权。

我曾与弗雷德里克·唐纳共进午餐，他对汽车的看法让我觉得很有趣。我听到的完全是对通用汽车公司组织架构的长篇独白，以及对与人数众多的董事会成员共事之难的抱怨。他与斯隆的思维方式大相径庭。斯隆的任期已到，俗称的"财务佬"（bean counters）逐渐掌权。汇报及集权的细微变化表明了财务派（指财务导向的管理人员）对公司的控制。

"换牌工程" [⊖]尤其生动地说明了公司的新方向。这一财务佬的创造发明，旨在通过"产品统一化"来增加利润。听他们怎么说："嘿，既然都是车，为什么不互相交换部件呢？"各个品牌的汽车逐渐从内部和外部都失去了原有的独特性。情况糟糕透顶，连《财富》杂志都把通用汽车的孪生兄弟们——雪佛兰、奥兹莫比尔、别克和庞迪克做成了封面故事。文章发表于1983年8月22日，并附有这四款车并列的照片，车型外观基本雷同。文章的标题颇有预言性："成功会毁了通用吗？"

"统一化"战略让通用汽车赚了些钱，但却毁掉了斯隆费尽心血建立的品牌差异。通用汽车从多品牌战略转为相似品牌战略（即各品牌之间互相厮杀）。

罗杰·史密斯时代

1981年，由财务出身的罗杰·史密斯（Roger Smith）担任通用汽车的主席，"财务佬"进入鼎盛期。他上任的第一件事就是卖掉位于纽约的通用大厦，将大部分财务运营迁往底特律。在史密斯的领导下，一大批的财务人员被指派到业务部门，担任力所不能及的领导职位。

⊖　换牌工程（badge engineering）指将同一个产品重新挂上其他的标志，即用不同的品牌名称来销售相同的汽车。起初只有在商标上，后来逐渐包含一些细微的改型，例如车头灯和尾灯、前后保险杠以及其他汽车前后部位的外显装置，甚至包含引擎与传动装置。——译者注

史密斯毫无疑问地失去了通用汽车最重要的观众——顾客。艾伯特·李（Albert Lee）在畅销书《叫我罗杰》中生动地对此做了如下描述：

> 罗杰无视美国人喜爱汽车的心理，使通用汽车在款式上远远落后于潮流，而款式正是通用汽车畅销的主要因素。罗杰是位会计师，从未做过工厂经理，也从未亲自参与过任何一个产品的生产研发，却断言通用汽车应对全球竞争的手段是生产自动化。

前文提到的《财富》杂志（1983年8月22日刊）的文章指出了罗杰战略的问题所在，文中向世人展示了通用汽车位于密歇根的一个新组装厂：

> 位于密歇根奥赖恩镇（Orion Township）的新装配厂就是一个活生生的榜样。通用汽车组装公司将在这里装配1984年款的C型前轮驱动大型轿车。在造价6亿美元的装配厂里，随处可见机械臂、计算机终端和自动焊接设备，还有两条价值150万美元的大型Pbogate系统，对组装的车体外壳进行排列和焊接。通过地下的电线操控的无人驾驶叉车，可直接从卸货口运送汽车部件。该厂以其灵活的操作性，重新制定了通用汽车的装配标准。

遗憾的是，如此炫目的技术未能奏效。

重回1921

对斯隆规划的改变生动表明了"财务佬"执掌大权后的结果。当公司主管的重心放在多赢利时，部门经理们很快就会投其所好。为了增加部门业绩（和奖金），通用汽车的每个品牌部门都违反当年斯隆精心设计的产品政策。低档的雪佛兰和庞迪克推出了款式更拉风的高档车型，中高档的别克和奥兹莫比尔却将售价降低，推出了低档车型。当尘埃落定时，通用汽车不仅外形相似，连价格也相同了。请看通用汽车近几年的价格：

土星（Saturn）　　　　　　　　10 570～21 360 美元

雪佛兰（Chevrolet）　　　　　　13 995～45 705 美元

庞迪克（Pontiac）　　　　　　　16 295～32 415 美元

奥兹莫比尔（Oldsmobile）　　　18 620～35 314 美元

别克（Buick）　　　　　　　　26 095～37 490 美元

凯迪拉克（Cadillac）　　　　　31 305～48 045 美元

明白怎么回事了吗？通用汽车又重回1921年：产品区隔模糊不清，内部各品牌互相竞争，一团乱麻状重现。通用汽车在美国的市场份额也从原来的57%跌至28%。对喜欢用金额数字说话的人来说，通用汽车损失了将近900亿美元。市场份额如此这般的流逝渐渐导致了产能过剩、零增长以及棘手的劳务问题。

董事会介入

由于通用汽车市场份额连年下降，几年前董事会愤然解雇管理高层也就不足为奇了。近几年，我们看到新任首席执行官已不再是财务出身，另外设有新的营销总监和产品经理。该想的都想了，该做的也都做了，通用汽车的市场份额仍未有起色。

最近所做的努力是任命通用历史上最年轻的首席执行官。年仅47岁的里克·瓦格纳（Rick Wagoner）计划摒弃原来保守的管理风格，借助互联网技术来推动通用汽车快速发展。这股"数码驱动力"有效吗？消费者会因为装有可连接互联网的通信设备而购买通用汽车吗？或是因为汽车上有"On Star"⊖的按钮？（嘿，蝙蝠侠的蝙蝠车里也有一个！）数字供应链能使通用汽车生产出更多、更便宜、更符合消费者需求的车吗？也许。当年通用汽车使出自动化技术的最后一招未能扭转乾坤，此次大胆采用数码新技术也没有切中要害。

通用汽车已经忘却当年的成功之路。时光倒流，通用重新回到80年前斯隆所面临的混乱情形。通用汽车该如何区分和定位旗下的几个品牌，使它们能够既有区隔，又能互补，共同发展？1921年，斯隆给通用动了大手术，砍掉两个品牌，巩固其他产品并对余下的品牌重新定位。2001年的调整方案或许应该又是一次大手术。逐步

⊖ On Star：汽车安全服务系统，通用汽车1996年推出的一种汽车安全工具。用户在发生事故时，只需按下控制台上的按钮，立即就可以与一位OnStar咨询顾问取得联系，咨询顾问可以查明用户的精确位置，并将用户的情况通知紧急救援服务机构。——译者注

淘汰奥兹莫比尔是一个好开端，但要应付好老顾客、工会投诉和经销商恐怕不是一件容易的事。

与此同时，通用汽车似乎又在南辕北辙，为了吸引更年轻的消费群，通用汽车一下子推出了七款售价在2万美元上下的新车型。有些车款是对衰减的土星S系列和雪佛兰Cavalier系列的重新设计。雪佛兰Chevy把原来的低端车S-10型调整为中档型车，庞迪克推出了小型运动车Vibe。明白了吧，通用汽车使原本就繁复的产品阵容变得更加凌乱不堪。减一型而增七款，混乱仍在继续，这对业务不利。

这是通用汽车目前所面对的问题。那么，我们可以从通用汽车的麻烦中获得什么启示呢？

警 惕 成 功

成功往往产生自大，自大则导致失败。

骄傲是市场营销成功的大敌，保持客观必不可少。

一旦获得成功，人很难保持客观的看法，而常以自己的主观判断代替市场的实际需求。

成功常常是导致品牌延伸的始作俑者。当一个产品成功时，企业就想当然地以为品牌名称是成功的根本原因，因此它们迅速地把同样的名字贴在其他产品上。

事实正相反，品牌名称不是产品成功的关键（虽然名称不佳无法让品牌火爆）。品牌之所以出名在于企业采取了正确的营销手段，它们行动的步骤遵循市场营销的基本原则。

成功的企业使自有品牌抢先进入消费者的头脑，通过聚焦，占据了一个强有力的产品属性。

你给你的品牌或企业名称的定义越宽泛（相反则是精准），你陷入品牌延伸的可能性就越大。当情况不妙时，你会想："不可能是品牌问题，我们拥有一个伟大的品牌。"骄傲是灭亡的先声，傲慢是陨落的前奏。

实际上，在建立品牌之初，骄傲是一种有效的驱动力。害人的是把这种骄傲带入营销过程。聪明的营销人员会想消费者之所想，站在消费者的角度思考，从不把自己的观点强加于现实世界。切记，市场的终极无非就是认知而已，消费者的认知是市场营销中的唯一关键。

当通用汽车成功日涨时，通用的管理高层们认为他们可在市场上为所欲为。成功因此导致了失败。"财务佬们"以为，为了赚更多的钱，他们怎么折腾都行，消费者都会买账。错！

雪佛兰曾是一款非常成功的经济型家庭用车。管理层认为可以将产品延伸到豪华轿车、运动跑车、卡车乃至任何车型。错！这样做的结果是：雪佛兰从此不再是"美国的心跳"，沦落到排行榜第四位。丰田成了老大。

别克和奥兹莫比尔曾是中高档汽车的成功品牌。管理层就想当然地以为，消费者会喜欢同品牌而更便宜的车型。这一点，他们猜对了。但他们没想到，推出同品牌的廉价车会破坏消费者对其原本"中高档车"的认知。

因为成功就为所欲为并不能保证企业继续成功。正好相反，这保证企业一定会失败。

领导者必须防御

绝不能忽视强势竞争对手的行动。绝大多数企业只有一次获胜的机会，而领导者有两次。首先，成为领导者本身即为首胜，其次，通过模仿竞争对手的行动也可以第二次取胜。但动作要更敏捷，赶在进攻者立足未稳时出击。

由于骄傲使然，许多领导者不屑去打垮竞争对手。更有甚者，他们对竞争对手的发展嗤之以鼻，以致后来市场的大局已定，颓势无法挽回。

商场如战场，进行防御战对领导者来说颇为有效。切记，市场营销是心智之战。进攻者要在消费者头脑中留下印象，需要耗费时间。通常来说，该时间差足够令领导者采取行动了。

多年以来，美国汽车行业的发展历史阐明了这条定律。约翰·德洛宁（John DeLorean）在其畅销书《晴日里又见通用汽车》中写道：

> 我在通用汽车的时候，即使福特汽车在产品创新上比它强，克莱斯勒公司在技术创新上也优于它，但都无法从通用汽车的半壁江山中抢到一杯羹（当时通用汽车占有全美国汽车销量的一半以上）。
>
> 通用汽车自从1939年和1949年推出液压自动变速箱和硬顶车身设计后，再未能继续在汽车技术上创新。相比之下，福特

汽车参与了每一个重要新市场的开拓，克莱斯勒公司也有卓越的技术创新表现，例如动力方向盘、动力刹车、电控车窗和交流发电机。

然而，顾客认为哪一家技术卓越呢？当然是通用汽车。

"真相终会水落石出"成了谬论。顾客也确信真相终会大白，于是，顾客理所当然地认为，真理必然掌握在市场领导者（竞争获胜一方）手中，即通用公司生产的汽车质量是最好的。

但只有公司的产品获得了领导地位的认知时，上述情况才会奏效。今天的通用，已好景不再。当年小型汽车打入美国市场时，通用汽车没有进行防御，消费者对其领导者地位的认知遭受了致命打击。而且，通用汽车的质量标准难以与德国和日本车相抗衡。

市场领导者的防御应针对所有的竞争者进行，还是只针对最有可能成功的竞争对手？对概念愚蠢透顶的产品进行防御毫无意义，理虽如此，但谁能准确判断该概念到底是愚蠢透顶还是聪明绝顶呢？当年第一辆大众甲壳虫进入美国时，它看起来就像丑八怪。当时底特律流传着一个经典笑话："美国三大被高估的事物是什么？"答案："南方人的厨艺、性生活和进口汽车。"

如今，很多企业都为当年没有当机立断而后悔莫及。大家现在的座右铭大多是："注意观察，严密监视。"

但对于市场领导者来说，这可能是一个危险的策略。通常事情发生时迅雷不及掩耳。当你回过神来，木已成舟，你的公司已被远远抛在后面。当年，日本车尾随德国车杀入美国市场，等通用汽车感受到市场打击时，日本汽车公司已拿下小型轿车市场份额的20%，而通用只能落个在门外干瞪眼的下场。

讽刺的是，在高端车市场也发生了同样的情况：梅赛德斯（Mercedes）和宝马（BMW）开始推出比凯迪拉克更昂贵的车型。通用汽车无法拿出新的高端品牌与之抗衡（他们应该回购著名的老式高档车品牌拉塞勒（LaSalle））。紧接着，日本汽车公司也凭借讴歌（Acura）、雷克萨斯（Lexus）和英菲尼迪（Infinity）打进了美国高端车市场。

今天，大部分豪华车市场由德国车和日本车占据，通用汽车还是在门外干瞪眼。

与前线保持联系

企业越大，首席执行官就越有可能与前线失去联系。如果身为忙碌的首席执行官，你如何获得当下真实情况的客观信息？如何避免中层管理人员投你所好，报喜不报忧？如何做到兼听则明？

一种方法是"乔装打扮"或密查暗访。这对经销商或零售商层级特别有效。这与古代皇帝的微服私访，乔装打扮混入市井去了解民情的做法相仿。首席执行官和皇帝一样，极少能够从大臣处得到真实情况。宫廷中有太多的钩心斗角，所以必须找到一两个诚实可信的人，保证你获取信息的全面性。他们可能来自较低层的雇员、经销商、顾客，或者其他能让你了解真相的人。

想想小型凯迪拉克的惨败吧（凯迪拉克西马龙[⊖]和现在的凯帝[⊜]），如果长期在一线的员工被首席执行官问及，他们会毫不犹豫地下判断：外观长得与雪佛兰差不多的凯迪拉克卖不出去。但是，一线的声音无法传达到首席执行官这里。

另一方面，首席执行官的时间安排有问题。他们出席太多的联席会议、行业活动、董事局会议和表彰大会。战略至关重要，不可托付给下属。需要托付的是下一次担当筹款活动的主席身份（在美国，参加国葬的是副总统，而非总统）。其次应减少公司内部会议，与其在办公室夸夸其谈，不如亲临一线，眼见为实。

⊖ 凯迪拉克西马龙（Cimarron），1982～1988年，当时紧凑型的J型车发展良好，凯迪拉克推出了小型车西马龙。但出于节约成本的考虑，凯迪拉克并没有真正重新设计一款全新车型，而是在雪佛兰Cavalier车型的基础上做了些表面"升级"，如使用不同的隔栅、对内饰略加修改等。由于改贴凯迪拉克商标，西马龙的售价比Cavalier高出近千美元。结果西马龙惨败，通用汽车耗费时日才恢复了凯迪拉克的豪华品牌形象。——译者注

⊜ 凯迪拉克凯帝（Catera），它是通用汽车另一款外观与雪佛兰相似的凯迪拉克。——译者注

POSITIONING

第 3 章

施　乐

从未实现的预言

在前卡尔森时代，要把一份文件复制得清晰耐久是不可能的。如要复印，你得利用热写法在一张薄薄的半透明纸上复印，出来的效果还不特别清晰，而且没等归档多久，就褪色了。

切斯特·卡尔森（Chester Carlson）改变了这一切。他发明了平板复印技术，利用静电把影像从一张纸传输到另一张纸上。他把这项技术命名为静电复印术（Xerography），这个是词由希腊语的"干"和"写"两个词组合起来的。

这不是一个容易出售的发明。卡尔森花了整整十年，奔波于一家家公司之间，为他的发明寻找买家。最后，在纽约，一个叫哈罗伊德（Haloid）的小型影印机纸张公司买下了专利权，用于开发静电复印机。哈罗伊德把复印机更名为哈罗伊德施乐（Haloid Xerox），并于1959年推出了第一台自动复印机——施乐914型（每分钟复印7.5张纸）。《财富》杂志评价这台重达650磅复印机为："美国史上投入市场最成功的产品。"剩下的就是历史了。1968年，公司销售额突破10亿美元，如今是美国前100强的企业之一。

致命的预言

1970年6月13日，在施乐的股东大会上，彼得·麦格拉（C.Peter McColough）站起来，雄心勃勃地描述了要使施乐成为信息领域领导者的宏伟计划。以下是他做出该计划的原因：

> 施乐和IBM同为信息领域的两大巨型公司，IBM拥有数据处理那部分，我们则拥有把处理后的数据放到纸上那部分。但这两者之间的界限已日趋模糊，且越来越密不可分。我们要争取在20世纪70年代的某个时候，有能力对所有的大客户说："我们能够满足您信息方面的一切需求。"其中也包括数据处理。

麦格拉预言的是商业办公系统的演变。一台办公自动化系统，集通信、输入、输出功能于一身（现在也称为"集成"）。为此，施乐不惜花10亿美元的重金收购了一家叫"科学数据系统"（Scientific Data Systems）的电脑公司。他们开办了帕罗·阿尔托研究中心（PARC），专门提供一些优秀的计算机研究成果（比如鼠标），倒让别人发了财。同时，他们还继续往不能复印的施乐机器上撒钱。

屡败屡战，屡战屡败

没多久，耗费10亿美元的计算机投资项目就宣告失败了。1975年7月21日，施乐的数据系统在损失了8 500万美元后也偃旗息鼓了。但这次惨败并没有阻挡施乐再次尝试的脚步。

1979年，施乐希望凭借电传复印机产品进入传真领域，但收效甚微。一个典型的广告是这么说的："真有趣，你看起来并不像一台施乐机器。"（这就是所谓的点明问题的广告。）所有这一切都说明了，要使施乐摆脱原有的复印机定位，难度很大。

另一个广告也说明了同样的问题，标题为：如何区分施乐牌复印机和真正的施乐？再一次，施乐扩大了产品线，不再局限于复印机。他们忘了乔治·桑塔亚纳（George Santayana）曾说过的话："忘记过去，就注定重蹈覆辙。"

回顾20世纪80年代施乐做过的广告和市场营销活动，他们做的努力可不少。虽然花费了好几页的广告来展示其广泛的产品线，但留给消费者的印象只有一个：一家叫施乐的复印机公司，碰巧也生产了一些其他设备，不过不大畅销。

他们甚至还为其施乐计算机服务专门做了一个广告，其中用了七条警示告诉读者："它和复印机无关。"但不管施乐打算卖什么，似乎都无法摆脱其复印机的定位。

1978年11月，施乐宣告推出XTEN网络。《商业周刊》在1978年11月27日的期刊上报道了这一事件：

> 施乐宣布说，按照该计划，截至1981年，施乐能够在其所选城市中运行该网络，最终延伸至200个大都市地区。该时间表意味着届时施乐将与IBM的卫星商业网络正面交火。尽管存在风险，但施乐如要保持其未来办公设备的主要供应商地位，进军网络服务是关键的一步。

所有这些计划，XTEN网络都没能实现。但失败并没有让施乐却步。

1979年12月，施乐满心期待地推出了以太网办公网络，但期望迅速破灭了。

一年半以后，8010明星工作站项目启动了，但很快就被随后推出的820信息处理器所取代，即业内所称的"个人电脑"。

1981年6月22日的《商业周刊》上有篇文章的标题这么写道："施乐瞄准办公设备老大。"施乐的副总裁兼办公室设备事业部总经理达尔·贝里（W. Dal Berry）宣称："现在，整个行业肯定都已经知道施乐的秘密了，那就是，我们要当行业老大。"

"我们认为820将推动办公自动化的发展，"贝里虚张声势道，"我们不是在贩卖未来——现在就是未来。"

1984年标志着施乐战略的转变。施乐复印机的销售队伍不再只是隔岸观火，施乐把整个团队都投入到办公自动化的战场中。该项目人员也被冠以"施乐小组"的代号，寄以重望。

"施乐小组"开始大做广告，广告中展示了他们被指派销售的一系列产品。"我们强烈地建议您跟一家不仅提供打印机，还提供复印机和电脑的公司谈谈。"广告循循善诱："也就是说，找一家提供全线办公设备的公司。"当然，找这样一家全面的公司是有意义的，可不幸的是，绝大多数人还是会找IBM。

施乐的全线出击在其一个广告上也得以体现，广告中问道："你想买台什么样的打印机？"接着广告推荐了5款不同的打印机。然而，IBM下了两倍赌注，还加了两个——其广告中介绍了12款打印机。

此时此刻，以下的教训清晰得刻骨铭心。

如果你因一样东西而闻名，市场不会再给你另一样

尽管施乐付出了巨大的努力，历史还是告诉它：

• 施乐无法用电脑超越复印机。

• 施乐无法以太网超越复印机。

• 施乐无法通过施乐小组超越复印机。

人们一旦赋予了你因其成名的东西，就不会再给别的了。如果施乐曾关注过潜在顾客的心智，即刻就会明白，进入办公信息系统根本就不是一着好棋。

正当施乐干得热火朝天的时候，业内出版物《信息周刊》面对其订户做了一个题为"大公司环境下的办公信息系统"的调查（《信息周刊》拥有10万订户，其中80%是雇员超过1000人的公司，正好是办公自动化市场的核心客户）。

当这些订户被问道："你对哪一家办公信息系统的提供商最感兴趣？"IBM以81%的绝对优势位居首位。而施乐，尽管费尽心思，却无法占据一席之地。就连那些最见多识广的企业经理都认为，任何无法复印的施乐机器都毫无价值。

施乐本该怎么做

在1985年，施乐的经理还真问过我这个问题。我给的基本意见

是：施乐应该停止与复印机对着干。你不能改变潜在顾客的固有认知。在与IBM和AT&T⊖的战略战中，我建议他们采用复印机——这才是施乐的最强优势。

该意见可以概括为："第三条腿战略。"这是个可以让施乐发挥其原有优势的战略。和许多战略一样，它有助于你回顾历史，观察市场正在发生的变化。我把它叫做"研究品类背景"（studying the context of the category）。

过去的办公室有三条腿：置身商业环境，你需要AT&T的电话（通讯）、IBM的打字机（输入）以及施乐的复印机（输出）。

看看现今的办公室，企业的活动都围绕着输入这条腿进行。先是打字机被文字处理器取代，而后电脑又淘汰了文字处理器。电话和复印机这两条腿几乎没有发生改变。

再看看施乐公司下了大赌注的未来办公室。如果你相信你所读到的，未来的办公室只有一条腿，即办公自动化系统，那么它将主要由单一卖方提供。在1985年，人人都赌IBM会成为那个幸运儿。然而未来办公室依然是空中楼阁，原因很简单，单一卖家制度行不通。

一套高保真音响系统仅靠单一卖家提供，不可能卖得好。因为消费者会选择自己喜欢的收音机品牌、碟机品牌和磁带品牌。同样的道理，成为家庭娱乐中心供应商和厨房电器供应商的企图均因此破灭了（通用电气GE曾努力尝试过）。消费者倾向于选择自己喜欢

⊖ AT&T（American Telephone and Telegraph Company），美国电话电报公司。——译者注

的品牌。通用电气用自己生产的设备组建的交钥匙[⊖]电厂一直难以出售。

为何一站式系统行不通？主要有如下原因——决策重大：企业宁愿一次买一样东西；采购量巨大：企业还不习惯用购买整个工厂的方式来买办公设备；承诺过重：只与单一供应商保持长期合作关系，这种约束恐怕没有人会喜欢。

第三条腿策略

第三条腿策略没有建议一些不切实际的东西，而是提供了一种观念：未来办公室仍然包含三条腿。代表通信这条腿的AT&T将加入声音邮件和传真机，IBM将为输入这条腿添加工作站、服务器和网络。问题是施乐将为输出系统或打印这条腿添加什么？把各"腿"合并的方式不大可能奏效，因为历史早已证明，"交叉腿"的难度很大。

然而，机会还是存在的。施乐的转机就在于各公司为其办公输出系统添加了电脑打印机、扫描仪、存储设备。

1985年，我给施乐提了如下三条基本建议：

1. 从潜在顾客对施乐的固有认知入手。

2. 借势当今办公室领域最热门的技术。

3. 如施乐抢占复印机概念一样，抢先占领该新技术。

⊖ 交钥匙工程，成套设备交易的形式之一。成套设备输出方负责工程设计、建筑施工设计、设备制造和订货、安装调试以及人员培训、生产操作指导等全部技术工作，工程内容全部完成后才交给输入方的一种贸易方式。输入方接收后，可以立刻开工生产。——译者注

当时办公室领域最热门的新技术是激光，被称为"20世纪80年代的超级工具"。不管人们拿它来做什么，它总能显示出其神奇的作用。GTE公司[⊖]把激光束从月球上反射回来。在通信领域，激光开始取代卫星。激光手术、激光影碟、激光焊接系统、激光大战卫星、激光排版，更重要的是，激光打印机。

激光设备在办公室领域的应用开始激增。1984年6月，惠普（Hewlett-Packard）公司推出了价值3500美元的激光打印机，短短3个月销量即达1万台。Datek证券公司预计该市场于1985年达到10万台。这是即将到来的未来，施乐应该如何抢占先机呢？

抢占激光概念

在过去的30年里，有三大技术在办公室中发扬光大，并被我们所熟知：

1. 3M的热红外成像技术（thermography），一种影印工艺，利用远红外在一种特殊的纸上复印。
2. 施乐的静电复印术（xerography），一种复印工艺，利用光线的活动在白纸上复印。
3. 由IBM主导的微信息处理器技术（microprocessor）。

我看到了施乐的机会，它可把另一个技术术语收录进待出版的词典里，那就是：激光复印术（lasography）。

⊖　GTE（General Telephone and Electronics Corp），通用电话与电子设备公司。——译者注

依我看来，激光复印术的含义一目了然。它是一种与众不同的新技术，而商业领域一向推崇新颖且独特的东西。激光复印术听起来就像一个跟静电复印术有关联的基础技术。它来自人们心目中唯一从事"复印"业务的施乐公司。同时，它还利用了激光——这一消费者普遍认为最尖端的先进技术。

除此之外，施乐还具有抢占该技术概念的完美无瑕的信任状：1977年，施乐的9700型电子打印系统是第一台静电复印激光打印机。施乐正处于跟当年IBM一样的绝妙地位上，等市场一成熟，就占领该市场。以下是IBM的进军脚本：

- IBM开发了大型主机。
- 苹果、Radio Shack等推出了小型电脑。
- 市场培育成熟，销量迅速扩大。
- IBM推出了个人电脑，占领了市场。
- IBM利用个人电脑销售办公网络。

现在，来推导一下施乐的脚本：

- 施乐开发了大型打印机。
- 惠普和Corona推出了小型打印机。
- 市场培育成熟，销量迅速扩大。
- 施乐推出小型激光打印机，占领市场。
- 施乐利用激光打印机推销其网络和其他产品。

那么，施乐为何会放任惠普如此轻易地拿走了这好几十亿美元的市场呢？这就要从施乐另一个对未来的错误预测说起。

离子沉积技术？

当我向当时施乐的CEO推荐了这个战略以后，他邀请我前往西海岸，把该战略介绍给负责复印机以外的所有信息系统产品的经理们。

在那里，我面对着一屋子的技术人员和营销人员。办公自动化战略已实施数年，他们按此战略一直在埋头苦干。我被设计成一名外来使者，给他们带来坏消息，告诉他们之前的一切努力都打了水漂，努力的重点应该是普普通通的激光打印机，而不是听起来很炫的办公室自动化设备。我当然不受欢迎了。

直至15年后的今天，当时结束会议的那一段交流依然历历在目。在听完我慷慨激昂地描述了激光打印机的未来后，坐在后排的一位工程师站起来，他说激光打印机不过是顶"旧帽子"，施乐早已看到未来趋势，那就是"离子沉积技术"。我问那是什么。他说这对外行解释起来有点困难，反正是又快又好的东西。我的回答大概是这样的："如果那发生了，我们可以转移到离子复印术（ionography）上，但现在，还是专注到激光和激光复印术上吧。"屋里气氛顿时僵住了，我的推销失败了，而施乐对未来的预测也没有实现。

施乐的大麻烦

如今，施乐正被一群鳄鱼包围着。在那场注定失败的会议之后做出的决策，又耗掉了他们好几十亿美元。虽然，他们终于决定放弃所有的非复印机产品，把重心转移到"文件公司"上，但他们已失去对基础业务的专注，放任竞争对手把其最重要的客户都抢走了。

德国的海德堡印刷机械有限公司（Heidelberger Druckmaschinen A.G.）、日本的佳能（Cannon）以及最近的IBM（利用海德堡技术在复印机领域取得高速发展），这些公司都迅速切入了施乐最赚钱的高速复印机市场。而作为施乐打印机市场的主要竞争对手——惠普更是如入无人之境，长驱直入。我预言的情况发生了。通过激光和喷墨打印机打印的纸，比复印机使用的纸还多。难怪施乐的销售额变得如此难看了。讽刺的是，由于对未来的错误预测，施乐丧失了跟惠普和日本复印机对手一较高下的机会。

施乐开始辞退员工，股价直线下跌，甚至还谈到了收购。据《华尔街日报》报道，施乐已下令，除非绝对需要，一般情况下不再生产各类复印机产品。这，就是我所说的大麻烦。

你无法预测未来

一直以来，我对如此多的人有敢于预言未来之勇气感到惊讶，就像彼得·麦格拉一样，勇往直前，做出大胆预测。但如果你仔细回忆，就不难发现，就连未来学家都错得那么离谱。请参看以下情形：

- 据一份对赫德森研究所智囊团的主席赫尔曼·卡恩（Herman Kahn）所做预测的分析报告显示，其在20世纪六七十年代所做的预测有75%是错误的。

- 在未来学家约翰·奈斯比特（John Naisbitt）的畅销书《2000年大趋势》中，总结了对未来产生影响的10大趋势。据一份对该预测所做的调查分析显示，其中3个趋势早在1982年以前实现，而剩下7个则从未实现过。

好吧，也许你会反驳道，他们之所以站出来做出头鸟全因职业使然。有道理，那我们来看看商业媒体的预测。有份研究报告专门针对1958～1989年间《华尔街日报》、《纽约时报》、《商业周刊》、《财富》和《福布斯》几家商业媒体对未来技术的预测做了分析。分析显示，其中80%的预测均未实现。

奢望预测办公室设备的未来，并把施乐的未来全压在该预测上，这无疑是孤注一掷，结果输得精光。

既然预测未来如此困难，便产生了另一个变种——研究未来。不多年前，传真机只能在少数几家大公司看到。如今，它们已是无所不在，并迅速从办公室渗透到家庭中。传真机的发明、技术、设计、开发均由美国人进行，施乐之类的美国制造商本应该把传真机推向市场。然而，目前美国市场上的传真机没有一台是美国制造。

美国人之所以没有雄心勃勃地进军传真机市场，全因市场调研让他们相信，这种小玩意没有需求。你无法对市场上还未出现的产品进行市场研究——这已经是众所周知的常识，但研究人员不管不顾，仍然跑出去问消费者："你愿意花高达1500美元购买一种电话配件，它能让你按每页1美元来发送文件，而同样一份文件的邮递费只要25美分？"毫无疑问，回答肯定是"不"。

终于，即使是一些未来学家也开始质疑预言的专业性了。"未来主义派将不再预测未来。"流行文化编年史《电子时代》的作者道格拉斯·洛西可夫（Douglas Rushkoff）说道："这是一种高明的宣传方式，完全是在创造未来。未来学家刻意将其客户置于恐惧当中，然后解释说，他们掌握了可以拯救其于水火之中的秘密武器。"

不忘成功之道

施乐的核心问题是失去了对主营业务的聚焦。简而言之，即"在白纸上做记号"的业务。这才是最初让施乐成功的东西，是施乐的核心技术。同时，我们好像也并非要进入无纸化办公世界。即使是在今天，尽管所有关于数码的话题都在讨论减少用纸，但实际上每个办公室每个白领平均每年的复印耗纸量依然高达250磅。

1970年，施乐做出了第一个灾难性决定，将自己与IBM等同起来，认为二者同处于"信息产业"。大错。

之所以错，是因为在全世界眼里，施乐是复印信息的代表，而非产生或交流信息的载体。公司所做的努力只能顺应世界对其的看法。

丧失聚焦的原因

许多大公司一头扎进错误的方向，这一点可以恰当地用一个词来描述：夸大 ⊖ 。

管理高层把施乐视为一家成功的科技公司，而全世界则把施乐看做一家复印机公司。

企业一旦成功，就很快拔高和夸大其成功的要素，给自己赋予许多宏大的价值。

IBM一向被视做商务机器的主要供应商，但它能卖复印机吗？不能。它也卖不了电话系统，虽然它尝试过。同样，备受尊崇的通讯公司AT&T，也卖不好电脑，尽管它为此项目砸过好几十亿美元。

在一个竞争激烈的世界，你只能老老实实地做好你擅长的专业，这一点最容易被忽略。

专家的优势

那些专注于某一活动或产品的人，总能给人们留下深刻印象。他们被视为专家，并认为在该领域拥有更多的知识或经验，甚至有时言过其实。这不奇怪，来看看专家的定义吧："在某一特定领域接受过大量培训，掌握丰富知识的人。"

与之相反，人们很少将在许多领域努力的多面手视为专家，尽管有时他们的确非常优秀。常识告诉人们，一个人或一个公司不可

⊖ 指企业对自身专长不切实际的夸大。——译者注

能什么事都做得好。

施乐是复印机领域的专家，除此之外，什么也不是。施乐的电脑或相关产品，只要与复印机无关的，消费者一概不信任。这不是施乐能不能做到的问题，而是市场评判在非复印领域，施乐与该领域的专业竞争对手相比是否专业的问题。

并不是说企业不能扩大消费者对其专长的认知。施乐当然可以在很多方面讨论它的专业，如采用电子手段生产、储存、销售文件，这才是他们应该关注的焦点。

这是施乐的专长，而且，如果做得好，还可以给其他竞争对手进入该市场、夺取市场份额形成壁垒，尤其当市场并没有将其竞争对手视做"在白纸上做记号"的专家之时。

一旦明白这一点，施乐的所有力量，包括研发、销售和市场营销都应该转向保持其"在白纸上做记号"的领导者和优势地位。这样一来，就不至于在那些毫无获胜希望的业务上浪费人力、物力、财力。企业一旦失去焦点，就等于向竞争对手敞开了大门。

有趣的是，施乐的研发部门在非复印领域倒是获得了广泛的成功。像鼠标、以太网、计算机图形用户界面、平板显示器等都是施乐研发部门的独创。其中不少成果引发了计算机领域的革命，但都让别的公司从中大获其利。

由于人们对施乐的认知是："在白纸上做记号。"施乐的研发部真正能够利用开发的应是激光打印机，即他们在帕洛·阿尔托（PARC）研究所的发明。激光打印机最终成为了桌面出版业的支柱，而该行业如今由惠普控制着。

缺乏强有力的领导往往是个问题

经验告诉我，当CEO不积极参与战略的制定和聚焦业务时，事情会变糟。优秀的领导人清楚企业前进的方向，并在冲锋陷阵中起带头作用。他们深知企业的成功之道，并且牢牢地把握住焦点。

当时，施乐的CEO派我去试探员工们如何看待聚焦激光的战略，我就该明白，无论我说什么都无法改变他们的态度。唯一能够做到这点的应该是CEO本人。

毕竟，他们肯定会这么想：这个陌生的家伙是谁？他说我们这些老施乐们这么多年来的所作所为全是公司不应该做的事，凭什么？还有，公司的战略什么时候变了？

在企业当中，总有那么一些怀有"个人动机"的坏个例。他们绞尽脑汁地在一些事物上做"个人记号"，作为他们加官晋爵的资本。他们做决策的依据不是看是否对企业有利，而是看能否利于他们个人的职业生涯。更有甚者，他们所有行动都是在努力避免犯错，以免危及个人职业生涯。他们当然不会站出来质疑公司的前景，或者告诉皇帝，他根本没穿衣服。

他们审视着我这一项明显挑战他们的战略，该战略将推翻他们即将公布实施的销售新一代计算机系统的计划。所以，中层管理人员当然不会说："嘿，这比我们一直在做的都有意义。"他们唯一会问的只有："CEO怎么不亲自告诉我们战略方向改变了？"

令人哭笑不得的是，我之所以面见CEO，全因施乐的第二号人物听了我的建议之后，开始意识到他们的战略出错。但即使这样，他也无法开诚布公地承认这一重大错误。该决策早在几年前就已通过批准并通报董事会，要改变它，只有CEO能做到。

这或许就是那位CEO委派我当信使的原因吧。他早猜到我会成为靶子，这样一来，他则免于因为不得不取消一项错误决策而陷入尴尬境地。

他猜对了。

POSITIONING

第 4 章

DEC

从世界第二到榜上无名

你大可把DEC⊖比做流星。回顾1957年，那时的电脑就像一个怪物，大若房间，造价上百万，还需要配上经过消毒的空调房存放。就在那时候，肯·奥尔森（Ken Olsen）决定为大众市场开发一种更小、更便宜且更易于操作的电脑。他的DEC公司开发了第一台可大批量生产的小型电脑，拉开了革命的序幕。

到了20世纪70年代，各企业已不再青睐于用大型主机进行数据处理，而转向利用小型电脑处理各项业务。DEC趁势成为了世界上第二大电脑制造商，仅次于行业巨人IBM。

决定命运的会议

可是就在这时候，一种大批量生产的台式电脑，俗称"个人电脑"的产品逐渐向DEC逼近。这时，DEC的其中一个创始人——肯的弟弟斯坦·奥尔森（Stan Olsen），把台式电脑的出现视做威胁和机遇并存。威胁是IBM正努力研发一种小型电脑（即台式电脑），将很快推向市场。机遇是DEC有体积更小的电脑，很有机会成为一种功能更强大的台式电脑，从而打败IBM。

斯坦没有足够的影响力来说服他哥哥，所以他雇了我来帮忙，把开发台式电脑以对抗IBM的重要性说清楚。他看到了一个天然的销售平台：

> IBM以大型商务电脑起家，DEC以小型商务电脑起步。因此，由DEC推出小型商务台式电脑更是顺理成章。

⊖　DEC（Digital Equipment Corporation），美国数字设备公司。——译者注

会议在肯·奥尔森的办公室召开，来讨论此事。结果，这一次会议决定了DEC的命运。

后 发 制 人

在马萨诸塞州梅纳德镇的一个小会议室里，我就DEC进入商用领域，以及其相对于苹果电脑和其他家用电脑进入该领域的优势做了论述。接着，我们等待肯·奥尔森的反应。在短暂的沉默之后，肯表示，我的论述和他弟弟的恳求并没有太打动他。

还记得我当时的回答是，真正的危险在于IBM及其随后要推出的个人电脑。由于IBM在商用电脑领域拥有很高的知名度和影响力，如被其抢先，DEC再进入小型商用电脑领域的机会就微乎其微了。

肯站起来，说了一番令我永生难忘的话。他说他并不想首当其冲，他想等看对方推出的究竟是什么，然后再"后发制人"。他把DEC想象成两把六发式左轮手枪，能够精准击中IBM个人电脑产品中的设计缺陷。

此时，进入我脑海的是一幅画，在登陆日（D-Day⊖）这一天，两个德国军官高高地坐在诺曼底的悬崖上。目光所及之处，盟军各式各样的船只和军舰正在登陆。其中一个军官问道："我们该怎么办？"他的同伴说："静观其变，先看他们要干什么，然后再采取行动。"

结果是一样的，一旦武装侵入，战争就结束了。

⊖ D-Day：登陆日。在军事术语中，D日经常用做表示一次作战或行动发起的那天。这里是指1944年6月6日的诺曼底登陆日。——译者注

多年以后，肯终于发慈悲了，推出了不止1款，而是3款个人电脑（专业325和350、彩虹100、DEC伴侣Ⅱ）。结果市场一片混乱，销量少得可怜。

入侵势不可挡

越来越多的竞争者出现了，它们开始抢夺DEC传统的小型商用电脑的市场份额。那些微型电脑公司采用设计更简单的微处理器或集成电脑电路，取代了小型集成电路回路板。它们具备DEC机器的绝大多数功能，价格却只是DEC的零头。

DEC在开发便捷的台式家庭电脑和办公电脑计划上的迟疑，让微型电脑制造商们取得先机，抢走了一大群对DEC的专业技术并不在意的电脑新手。但肯·奥尔森依然不以为然。1983年5月2日，他在《商业周刊》的一篇报道中这么说道："个人电脑定会一败涂地，因为用户希望实现文件共享，与他人共享一个系统。"他断言："在这种情况下，小型电脑将显得尤为重要。我们的战略核心是小型电脑。"

这可是一个糟糕的预测兼失败的战略。

接二连三的重组并没有挽回颓势，不到十年，肯·奥尔森就被迫辞职，离开了他创办的公司。亏损在加剧，员工被解雇，股票一塌糊涂，最终被康柏（Compaq）收购，尽管此时DEC已没有什么价值了。讽刺的是，收购DEC的是曾被肯·奥尔森唾弃的微型电脑公司，结果摇身一变成为吞噬DEC的怪物。

从DEC的衰败中我们能学到什么？

绝不要低估实力比你强的竞争对手

忽视弱小的竞争对手，有时你能侥幸成功。但强大竞争对手的一举一动，你必须时刻小心，尤其当对方比你大得多的时候。首先也是最重要一条：你一定要评估对方成功后对你造成的影响。如果对方的成功会严重冲击你的业务，别无选择，你只能先发制人，击退对方的进攻，或抢占其战略（和打仗的道理一样）。

"商用"电脑

DEC本应采用其老板的兄弟斯坦的战略，推出第一款小型商用电脑，而将其中的台式系列产品定位为个人电脑的替代品。该商用电脑战略可以做如下表述：

> 在家，一台个人电脑足矣。但工作，您则需要一台商用电脑：它功能强大、可扩展、可兼容。这台商用电脑来自世界上第二大的电脑公司——DEC。

如果一切按计划开展，这将震撼整个小型电脑领域。而现在，到处都是麻烦缠身的公司，其中有奥斯本（Osborne）、财富（Fortune）和德州仪器（Texas Instruments）等。各竞争对手被IBM玩弄于股掌之中，整个市场充斥着恐惧和混乱。专业可信度成为了进军商用电脑领域最重要的销售利器，DEC恰恰拥有。当然，如果他们当初选择这么去做的话。

固然，DEC也可以经营像开放系统（肯·奥尔森也未多加考虑）、网络替代产品（目前还不在DEC经营范围内）以及大规模软件开发等。但如果聚焦在小型商用电脑，专心销售办公电脑系统，而不是IBM的办公室自动化系统的话，DEC非常有可能成为IBM最强劲的竞争对手。

台式电脑机会转瞬即逝，市场风生水起，但其中已经没有了DEC。

如果有机会，成为"新一代"

故事还没结束。1993年，也就是肯·奥尔森退休的那年，在全世界的电脑采用的都是32位技术时，DEC首次推出了先进的64位体系结构——Alpha AXP。

与此同时，自从肯退休后，我又被请回了DEC，讨论如何在DEC当前麻烦重重的情况下推出该新技术。

在我看来，这很可能是DEC的背水一战，这关系到他们能否以历史重演的方式扭转颓势。

成为最新一代

在当今这个充斥着高科技产品，瞬息万变的世界，人们已经习惯于"新一代"的产品。这不仅是预料之中，也是众望所归。

我常这么建议企业，与其试着成为更好的选择，不如成为"新一代"的选择。这是做到与众不同的可靠途径。其心理作用显而易见，没有人会喜欢购买被认为是过时的产品。因此，如果想采用蛙跳，甩开竞争对手，就必须把自己定位成"新一代"和更好，其中，重点是"新一代"。

多年来，我一直鼓吹强势领导者利用新一代产品进行自我攻击。在这一点上，英特尔（Intel）可谓无出其右。其在微处理器上的征途可称奇迹：286、386、486、奔腾、奔腾 II、奔腾 III 以及奔腾 III 至强。英特尔通过不断推陈出新，以新一代产品淘汰现有产品，最终占领了复杂的芯片市场。这样一来，英特尔没有给竞争对手留有任何余地发起进攻，就连价格战都打不起来（是的，你可以低价，但那是过时芯片的低价）。

正如我前文所提到的那样，吉列刀片也是通过不断推出新一代刀片的战略，最终奠定其市场的领导地位。

通用电气在改进廉价低档的电灯泡上所做的努力，也是同样的道理。他们最新推出的电灯泡产品叫"富足"（Enrich）。这种独特的蓝色玻璃电灯泡主要应用于装饰，增加了色彩对比，熠熠生辉。

成为最新，是开创新品类的核心。

品类法则

在《22条商规》中，我和前搭档阿尔·里斯（Al Ries）指出：如果做不了第一，那么就开创一个能成为第一的新品类。IBM是电脑行业的老大，因此DEC以小型电脑开创了一个新的品类。诀窍就在于如何应用那些法则。在这一点上，做得最好的莫过于雅维止痛药（Advil）。他们做了一个广告，列出了历代的止痛药：

拜耳阿司匹林（Bayer aspirin）	1899年
泰诺退热净（Tylenol acetaminophen）	1955年
雅维布洛芬（Advil ibuprofen）	今天

雅维布洛芬并没有在止痛上耗费口舌。如果对布洛芬进行市场调查，你可能很快会发现，消费者除了知道它是一种"高级的止痛药"外几乎一无所知。

这就是活生生的现实。相对于退热净，潜在顾客更青睐布洛芬的原因很简单，因为布洛芬被定位为新一代的止痛药，而不是因为他们了解该产品。

这就是DEC需要为其新一代产品64位Alpha芯片所做的。

如果对雅维止痛药进行类推，DEC应该再次列出历代台式电脑：

1. 苹果开创了8位家庭电脑。

2. IBM开拓了16位办公电脑。

3. Sun⊖以32位UNIX工作站成为行业领先。

接下来的机会显而易见：DEC以64位工作站领跑行业。

不过，决定DEC成败的关键是潜在顾客偏爱64位工作站，不是因为对该工作站的了解，而是因为，它是"新一代"。

实力增强并不保证可以卖货，但"新一代"可以。

⊖　Sun，全称为Sun Microsystems Inc，太阳微系统公司，世界上最大的UNIX系统供应商，后被甲骨文公司收购。——译者注

未曾与别人说的故事

我建议DEC抓住这一最后机会推出新一代64位工作站。作为世界第二大的电脑公司，DEC曾开发了32位VMS操作系统和VAX体系结构，这些足以保证其推出新一代工作站的资格。

要做到事半功倍，只需简单地重播历史，提醒市场："当DEC推出32位VAX小型电脑时，人们无不冷嘲热讽。"为了达到该效果，他们应该把当时的负面评论再搬出来，我建议他们这样说：

> 1979年，*DataQuest*杂志报道："改变数位的体系结构，实在令人怀疑。软件发展商和终端用户根本不需要这些数码新型芯片带来的技术进步，而且可以预见，未来也不会需要。"
>
> 显然，他们错了。
>
> 两年前，DEC推出了64位Alpha体系结构。这一次，专家们又一次哈欠连连。尽管承认该技术的速度和强大功能，那些业内人士还是像1979年那样，质疑人们到底需不需要它。
>
> 历史会重演吗？

必须做出取舍

该战略要求DEC把资源聚焦在Alpha工作站上，而非个人电脑、小型电脑或者其他DEC正在经营的服务上。他们必须放弃对其他产品的推广活动。

这样做是基于一个认识：广告、销售、赢利是三件不同的事。

"广告"是我们关注的焦点。正是通过这部分工作，DEC得以在消费者心智中建立认知，这样才有可能挽救DEC的声誉。

DEC的销售说辞应该是：64位Alpha是"新一代"的产品。

DEC本可以成为小型商用电脑领域的全球领导者，但他们错过了。而后，DEC有机会凭借64位工作站技术引领全球，却再一次擦身而过。这一惨痛教训给我们带来了下面这个启示。

非常时期需要非常行动

史蒂夫·米伦诺维奇（Steve Milunovich）是美林证券（Merill Lynch）的首席分析师。在我向DEC提交方案后不久，他和接替肯·奥尔森的DEC首席执行官鲍勃·帕尔玛（Bob Palmer）一起来访。

史蒂夫已知道我的提案，他问帕尔玛为什么不聚焦在64位工作站的市场上。

帕尔玛的回答很有趣，他谈到了企业处在危机时CEO面临的种种困难。他的结论大致是这样的："我不想适得其所。DEC不甘于只是一家Alpha芯片公司。"

帕尔玛没有领会一个简单的道理："适得其所，总好过流离失所、饥寒交迫。"

一场胜战都没有，DEC根本无法扭转其日渐衰落的形象。当《商业周刊》刊登了一篇题为"DEC的绝望时刻"的文章时，DEC

就该意识到，它的消费者和潜在顾客正投向IBM、Sun或惠普的怀抱。没有人会青睐市场竞争失败的弃儿，尤其是购买高科技电脑的那些公司购买者。

当企业的声誉岌岌可危时，CEO别无选择，只有努力寻找哪怕只有一丝机会扭转颓势的办法。DEC的小型电脑业务不断下滑，个人电脑业务也处于成本压力之下。DEC已无路可退，唯有勇敢地进军尚有优势的工作站领域（这一点，Sun做得很好）。

也许有人说，这是一步险棋。没错。它能起死回生吗？谁知道？但在那一刻，这是DEC的唯一机会。当时机一过，他们将陷入更大的麻烦之中，成为待进烤炉的吐司。

事实上，鲍勃·帕尔玛也没有其他的赌注可下。正如我前文提到的莲花软件，其CEO吉姆·曼齐（Jim Manzi）当时只有一个赌注，那就是Notes组件。为此，他不惜花费5亿美元重金打造，还不得不跟董事会及管理层谈判斡旋。但最终他还是顶住了压力坚持下来，否则，IBM也不可能向莲花伸出橄榄枝，最终以35亿美元收购了它。相反，它极有可能被微软消灭。

正如一位军事史学家所说："要真正检验一位将军的能力，并非看进攻之时，而是看撤退之时。"

对DEC，我只能说："阿门。"

POSITIONING

第 5 章

AT&T

从垄断到混乱

1875年，亚历山大·格雷汉姆·贝尔（Alexander Graham Bell）筹得资金，研发了"会说话的电报"（即电话），创建了美国贝尔公司（American Bell）。十年以后，美国电话电报公司（AT&T）成立，成为了美国贝尔公司的全资子公司，开始从事首个远程网的建立。直至19世纪末，本地电话业务发展迅速，AT&T收购了母公司美国贝尔的资产。从此一发不可收拾，一个令全世界企业为之艳羡的电话巨头崭露头角。

但是，正如2000年9月的《华尔街日报》报道："在用声波和电线捆绑了美国长达一个多世纪之后（指AT&T对美国电话电报业务的垄断），AT&T，这一度曾是全美最大、最富有、最强的公司，开始自行解体了。"

哪里出错了

该文章继续指出了AT&T在115年间兴衰起伏背后的原因。首先，一个公司无论再强大，也无法逃脱经济和技术的变革。与20世纪五六十年代——这一全美国的通信都处于贝尔系统垄断下的黄金时代相比，通信技术显然发生了翻天覆地的变化。但变革不能成为衰亡的理由，企业必须学会处理变革。

另外，AT&T市场份额急剧下降还有另外一个原因。1982年政府强制AT&T把小贝尔公司们（Baby Bells）剥离出去，从此AT&T失去了与顾客的联系。他们不再拥有"拨号音"，因此每一通长途电话，AT&T必须支付给"小贝尔们"一部分费用，这使AT&T大伤元气。自然，AT&T失去了本地电话交换业务，但他们仍然掌控着设备、长途电话业务以及企业业务。

其实，AT&T的解体关键在于他们做了什么和没做什么，这比外在对他们的影响更重要。作为一个长期处于"自然垄断"的企业，"竞争"对其来说还是头一遭，这也是AT&T之后频频犯错的原因。他们根本不了解真实世界的残酷，在那里，人人都对你的业务虎视眈眈。

错误一：进入计算机围城

1984年，小贝尔公司们脱离AT&T自力更生，这更是让AT&T放开手脚大肆进军垄断行业之外的领域。这些年来，AT&T从它的贝尔实验室（Bell laboratories）获得了不少技术支持，开发了专用交换机、UNIX操作系统、计算机语言，以及供他们内部使用的计算机。

因此，有些人做出了天真的决定：挑战IBM在企业信息技术领域的霸权。自从放弃在电话电报领域的垄断地位之后，AT&T就一直笼罩在乌云之中，而征服计算机领域貌似是打破乌云的一线光明。在这些营销菜鸟们看来，转型进入计算机领域是一件轻而易举的事儿（在IBM的防御下，所有欲与IBM一较高下的企业无不尸横遍野，这些早已众人皆知，而现在有些人又开始挑战IBM，这让人不禁好奇他们到底是何方神圣）。

首先，AT&T与好利获得美国公司（Olivetti U.S.A.）⊖结成战

⊖ 好利获得公司，意大利的计算机和电信集团公司，1908年成立。——译者注

略联盟，共同开发、销售个人电脑。（你能想象吗？一个意大利电脑公司）。随后连番推出了一系列小型电脑PC6300和3BZ。人们看着这些产品，一头雾水地问道："电话在哪里？"更不用说打动企业买主了。

接着，1991年，AT&T"嘭"的一声，把73亿美元投资给计算机制造商NCR⊖（能想象吗？一个造收银机的计算机制造商），随后又把28亿美元投入计算机这个群雄纷争的行业。当市场从大型主机转移到小型电脑网络时，NCR成为了另一个冤大头。

10年后，AT&T终于放弃了个人电脑，把亏本的NCR剥离出去。两次冒险让AT&T耗资巨大，在管理上耗费的精力更是难以估量。AT&T的企业史学家（有多少公司会有这个？）希尔顿·霍凯瑟（Sheldon Hocheiser）评论得恰到好处："结果证明，计算机的研发能力和市场营销经验相差十万八千里。"

相比之下，如果把一部分资金用于排挤AT&T在长途电话市场上的新竞争者——MCI世界通信公司和斯普林特（Sprint）公司，倒显得有意义得多。或者也可用于开发新一代本地电话网络，以对抗小贝尔公司们。无论哪一种，都将事半功倍。

错误二：向有线电视领域冒进

1997年，先后在IBM和休斯电子公司（Hughes Electronics）任

⊖ NCR（National Cash Register Company），目前世界上最大的银行自动柜员机（ATM）生产商。——译者注

职的迈克尔·阿姆斯特朗（C. Michael Armstrong）来到AT&T收拾残局。他在1998年年度报告中所做的开场白，最后证明成为了AT&T的灾难。他在开场白中说："我们正在把AT&T从长途电话公司向"多途"电话公司转型。从以处理语音通信为主要业务的公司，转型为信息传递公司，包括声音、数据、影像等一切形式的有用信息。从以国内业务为主的企业扩张为真正的全球化公司。"

看出来了吧？又是一个"面面俱到"的错误。如果倒回AT&T垄断的黄金时期，这番讲话也许还行得通。但阿姆斯特朗在做这番讲话的时候，AT&T正被一大群定位精准的专业竞争对手包围着。这几乎就是当年施乐的CEO宣布进军计算机领域时那场演讲的重现。

他们就这么干下去，越走越偏。阿姆斯特朗决定利用有线电视业务夺回本地业务的市场。他砸下1150亿美元，收购了TCI公司[○]和第一媒体集团（Media One Group），尽管不少人都认为该价格过高。最后，钱砸了不少，可AT&T在美国留下的脚印依旧像瑞士干奶酪一般——全是填不满的窟窿眼。

接着，有意思的来了。为了升级视频线路，以便实现与音频的兼容，AT&T需要投入几十亿美元。阿姆斯特朗低估了此事的复杂性，且忽略了消费者转向有线电话时将出现的一个重要问题——注册用户远比他们预估的要少得多。一幅漫画惟妙惟肖地刻画了这幅场景：一个人肩上扛着一台索尼大电视，对着它说："喂？喂？"

○　TCI公司（Tele-Communications,Inc.），全美第二大有线公司电信公司。——译者注

对人们来说，电缆线和电话线是两个截然不同的东西。

阿姆斯特朗梦想把AT&T变成未来通信产品的超市，提供电视、本地和长途电话以及互联网服务。但该梦想演变为AT&T的梦魇。正如他在《华尔街日报》上承认的那样："销售数字就是在跟你作对。"

结果，千金散尽，生意惨淡依旧，同时还导致了AT&T分解成四个部分：无线电业务、宽带业务、企业业务和消费者业务（品牌延伸再次上演）。如果连一个整体都不起作用，何况是四个呢？这是一个价值900亿美元的问题，也是当时AT&T的市值。但阿姆斯特朗定会全力以赴，这点我们毫不怀疑。因为正如《商业周刊》所描述的那样，这是"阿姆斯特朗的背水之战"。

在竞争世界，正视现实是关键

当AT&T被迫放弃垄断、进入自由竞争的世界时，公司管理层并没有"现实"的概念。事实上，AT&T的业务基础已经从"我们想做什么"战略，转变成"我们能做什么"战略。

毫无疑问，征服计算机领域就是一个单纯考虑"我们想做什么"的例子。企图成为一个包括声音、数据、影像的"多途"信息传递供应商，则是另一个单纯考虑"我们想做什么"的例子。两者都忽略了一个现实：竞争对手允许他们做什么。同时也忽略了市场上专业竞争对手的实力。与AT&T竞争的，正是那些在某一活动或产品上高度聚焦的专业公司。大家都认为这些公司才是专家，具备许多专业知识和丰富经验，虽然有时候会言过其实。

相反，一个通才企业再优秀，市场也很少认为它能够成为多个领域的专家。为了说明这一点，下列事实表现了AT&T身处十面埋伏的境况：

- AT&T的个人电脑对抗IBM、康柏和苹果。
- AT&T的小型电脑对抗DEC和IBM。
- AT&T的WorldNet对抗AOL和Yahoo!。
- AT&T的有线电话对抗小贝尔公司们。

这些强有力的品牌迅速把AT&T撵出了赛场。我给贝尔母公司（Ma Bell）的建议是：正视现实。

在竞争世界，聚焦举足轻重

一直以来，即便企业已身处一个基本稳定的市场，管理层依旧不懈地追求年销量和利润的大幅增长。可以预见，为了达到这些增长目标，企业要么提供越来越多的品种和口味，要么将业务扩张到其他领域。再不然收购其他公司或产品，或者成立合资公司。

不论你管这一扩张过程叫"品牌延伸"也好，叫"多元化经营"也好，抑或是"协同效应"也好，就是这一过程本身——迫切地追求增长，造成了企业焦点的涣散。固然，增长可能是其他动机带来的可喜结果，但一味地为增长而增长却是严重的战略性错误。

保持聚焦

通常，一个成功的企业通过高度聚焦于某一单独的产品、服务或细分市场起家。随着时间的推移，它开始为多个市场提供大量的产品和服务，这些产品和服务又分许多级别和不同价位。至此，焦点逐渐分散，企业开始偏离最初的方向。它不知道何去何从，也不知道为什么要这么做。当初的企业使命变成一句空话。

起初，一切都进展顺利。最初的发家产品或服务成为了最大的赢家。企业充满激情，愿景远大。股票就像火箭一飞冲天。

然而，成功也随之带来了其他东西：向不同方向扩张的机会。会议室里无不充斥着雄心勃勃和激情澎湃的气息，到处是"我们能做任何事"的豪言。好了，现在市场证明情况并非如此，让我们回顾一下，把聚焦原则引入AT&T。

首先，聚焦通信领域

AT&T是一家通信公司，以前是，将来也会是。任何远离通信这一老本行的行动都将失败。这一点，AT&T已在进军计算机领域（跟施乐一样）的惨败中深刻认识到。进入无线领域还说得过去，毕竟还属于通信领域。但进入有线电视行业就有问题了——根据有线电视目前这种单向形式，它属于电视领域，而非通信领域。AT&T企图通过引进"内部"这一通信名词来改变这一认知。他们想把AT&T有线服务（电视）改变为AT&T宽带服务（这是什么玩意），这一认知可不容易改变。

由于形式多样，"通信"成了一个宽泛的概念。在这里，AT&T
需要稍加聚焦。

其次，聚焦企业客户

当AT&T把本地用户业务输给小贝尔公司们时，是时候该清点
一下，在失去本地业务的情况下，AT&T还能聚焦在什么方向。他
们仍然控制着大量的长途电话业务，依旧拥有非常棒的全国网络、
卫星、光纤电缆以及4万名专业网络专家——这一切足以保证AT&T
继续运营。在企业服务市场上，AT&T的地位令人艳羡，因为其所
提供的一切都是那些大公司所需要的。

我的建议是：尽最大努力保护AT&T的消费者长途电话业务，
同时聚焦企业客户，并以此为长期目标。这意味着AT&T需要连接
私人数据网络和因特网，并提高安全性。但最重要的是，这一决定
将断绝日后AT&T企图回到本地业务，即消费者业务的念头。忘了
它吧，本地消费者业务已经一去不复返了，挽回的难度极大，小贝
尔公司们会跟你拼命的。

面面俱到，这不该是AT&T的战略。它的战略应该是聚焦力量，
成为全球企业通信领域的领导者。

一个有趣的类推

类似的问题，IBM也曾经历过。随着大型企业用户对小型电脑
的需求激增，IBM的大型主机业务遭受重创。但郭士纳（Lou
Gerstner）没有选择分裂，而是另辟蹊径，寻求一种可以充分利用

IBM的规模优势及技术深度的方法。他开始谈到以"集成电脑"
(integrated computing) 作为IBM的独特优势。毕竟，说到组合计算
机部件，有谁比IBM更有资格呢？只有IBM——这一当年的硬件之
王，才有能力制造绝大多数的部件。而其主要竞争对手，则只擅长
制造某种特定部件。

如今，这一决定的结果是，IBM最受推崇的产品不是产品本身，
而是让其他竞争对手们望尘莫及的服务部门。IBM的全球服务部门
成为了它的救世主。当这位蓝色巨人其他部门的销量几乎停止增长
时，服务部门的年销量以平均每年超过10%的惊人速度增长。

这引发了一个有趣的问题。AT&T能否成为集成通信的巨型玩
家？在数码科技的支持下，把复杂的全球通信网络进行集成已不再
是天方夜谭。如此一来，相信AT&T的大型企业客户们定能从中获
益。这只是个猜想，但它很可能变成一个巨大的商机。毕竟，在通
信领域上，说到集成，有谁能比AT&T做得更好呢？

在竞争世界，区隔至关重要

企图为全球企业通信领域提供服务的，不只AT&T一家。比如
世通（WorldCom），一直以来就对AT&T的业务虎视眈眈。长途电
话领域新贵Quest公司也对AT&T威胁不小。而其他专业竞争对手也
专注于这样或那样的业务，各有所长。当前AT&T面临的迫切问题
是：消费者为什么选择AT&T，而非其他竞争对手？这个问题AT&T
从未给过满意的答复。

有趣的是，几年前我曾尝试去回答这一问题。20世纪90年代初期，AT&T出了一系列重大服务事故，这促使了我到AT&T的访问。大批的负面报道涌向AT&T，这使AT&T对其公司声誉忧心忡忡。我所做的第一件事，就是要求看他们关于此事的研究报告。跟踪监测和认知研究他们都做了。跟踪监测显示，在此次事故的影响下，其业务和企业声誉暂时有所下降，但还不至于有深远影响。但再看看他们的特性研究报告，跟其主要竞争对手MCI世界通信公司和普林斯特公司相比，问题显然已十分严重。

区隔不明显

那时候，AT&T在长途电话业务上占据了超过60%的市场份额。然而，就其在特性研究报告中的"综合质量"评分来看，虽然分数不低，但也没有高到与其市场份额数字相匹配的程度——比其他竞争对手仅高出10%，显然没有太大差别。

而当我看到"物有所值"这一项的评分时，差距果然缩小了。实际上，普林斯特已与AT&T打了个平手。对于一个市场份额只有9%的企业来说，这的确是一个不错的成绩。

而在"通话质量"这一特性的分数上，普林斯特又一次与AT&T难分伯仲，仅以1%的差距位居第二。我猜想，这应该得益于普林斯特的光纤技术。

在"用户支持"这一项，AT&T略胜一筹，比其他竞争对手领先10%。

不过，在"计费质量"这一栏上，普林斯特比AT&T高出了5个百分点。MCI再次垫底。

也许，AT&T的对手们还没能抢得业务，但它们已开始抢得认知。

关 键 特 性

来看看最重要的特性——"可靠性"这一栏，普林斯特仅以3%的微小差距直逼AT&T。MCI的百分数也相差不远。而这些竞争对手跟强大的老牌贝尔母公司相比，无论在专业度、设备还是经验上，都相差甚远。

看完这些数据，不难发现，AT&T显然已放任竞争对手们抢占消费者认知，并直逼他们。这也是后来市场开始转变为价格导向的原因。在市场看来，这一类产品已越来越像日常消费品，这对AT&T来说可不是什么好消息。

也许有人会特别问到，普林斯特为何能取得如此大的进步，占据了一个深受欢迎的认知呢？他们的广告给出了答案。普林斯特把力量聚焦在"光线技术"项目上。显然，人们是被他们的先进技术所打动，这就是普林斯特能在认知上如此逼近AT&T的原因所在。而AT&T还想当然地以为自己的技术最领先呢。

看看MCI也不低的市场份额，它的成功又如何解释呢？其实，MCI也有聚焦。从诞生伊始，MCI就制定了"低价"的定位概念。这放在充斥着同质化竞争的市场上，的确是一个不错的战略。当时MCI以低价活动"亲朋好友"这一有趣的方式，推动了"低价"战略。

AT&T的区隔是什么

这段时期，AT&T耗费巨资来强调自己是"正确的选择"。然而，认知调查的数据却表明一个合乎逻辑的结论：这不管用。在竞争对手的价格攻势前，AT&T表现出了意想不到的脆弱，而其技术上的优势却无法有效地传达给消费者。在人们看来，AT&T与MCI、普林斯特之类的通信公司没有任何差别。

依我看来，他们应该更简洁地回答这一问题：AT&T为何是"正确的选择"？什么让AT&T与众不同？

答案应该是可靠性。这是领导者最重要的特性，尤其是拥有先进技术的AT&T。

由此引出了下一个问题：如何让消费者确信AT&T更可靠？为了寻找答案，我问他们，AT&T最引以为豪的网络——长达几百万英里的光线电缆，最经常遇到的问题是什么？一个工程师迅速回道："很简单，反铲挖土机。"他们解释说，埋了这么多的电缆在地底下，掘地的人一个不小心就会铲断电缆。如此一来，该电缆所覆盖的一大片区域，比如说，整个亚特兰大，将中断服务。

"那怎么办？"我问道。

一项叹为观止的技术

对此，他们在AT&T有名的网络电视墙上为我演示了当通信中断时发生的情况：中断一发生，瞬间，一个叫"快星"（Fastar）的程序迅速启动，自动重新连接在断口附近的电话。短短几分钟（现在是几秒了），所有电话都可正常接通。以下有一组令人咋舌的数据：该系统所需要的额外电缆线路，AT&T耗资130亿美元，历时5年才安装完成。说穿了，AT&T拥有一个鲜为人知的"自动修复网络"（这一点看看MCI和普林斯特怎么比）。这比你所能想象出的任何故事都更能生动地证明AT&T的可靠性。

可是，对于AT&T的员工来说，这不过是AT&T网络的其中一个特色罢了。没什么大不了的。大错特错！我强烈建议他们重视这一技术，把它作为网络的固有部分。换句话来说，放弃快星这一名字（它听起来就像匹赛马），不胜其烦地反复强调"AT&T的自我修复网络"。然后，更重要的是，展开大量公关和广告活动，极力推广这独一无二、耗资巨大的工程技术，旨在把AT&T打造成全世界最可靠的网络。

AT&T将有效地向世人讲述一个从未说过的故事。这样一来，AT&T就能超越"正确的选择"，而成为"可靠的选择"。它将跟其他规模小、定价低的竞争对手区别开来，尤其在AT&T最重要的企业用户心中——它们可无法承受关键的电话被中断和数据拥堵。除此之外，无止境地引进新技术只会更引起企业用户认知的混乱。挑选可信赖的帮手，除了最可靠的AT&T，还会有谁呢？

白 费 口 舌

尽管做了种种努力，我依然无法打动AT&T管理层聚焦在其独一无二、鲜为人知的"可靠"这一特性上。自我修复网络依然是个不为人知的秘密。正如大多数大公司那样，人员太多，部门太多，大家各忙各的。而这一建议对很多人来说是一个挑战，这将促使他们不得不改变原有计划。

终于，新的管理层粉墨登场，几十亿美元耗费在声音、数据、影像上，又是一次"面面俱到"。大而空的概念取代了简单实在的概念。

POSITIONING

第 6 章

李 维 斯

无视竞争，后患无穷

1853年，李维·斯特劳斯（Levi Strauss）在旧金山开了一家干货店。他的顾客绝大多数是淘金热时期的矿工。一天，一个当地的采矿工告诉他，工人们经常苦于找不到一条耐穿的裤子，以经受一整天的苦力活。在这之后，斯特劳斯试着利用帆布做了条裤子。这种粗糙的帆布裤立即大受欢迎。后来，他用牛仔布代替了帆布，染成蓝色，并用铜质柳丁加固。

1873年，斯特劳斯推出了第一款获得专利的李维斯柳丁高腰工装裤501（501是批号）。一夜之间，这款裤子成为了伐木工人、牛仔、铁路工人、石油钻探工以及农民的标准装束。到了20世纪50年代，又成为了美国年轻一代的必备着装（詹姆斯·迪恩⊖也在穿）。20世纪60年代，公司开始推出女装并向海外扩张。

李维斯的第一步坏棋

1971年，李维斯股票上市。从此，恶魔开始穷追不舍，华尔街一刻不停地追问："你们打算如何增长？"于是，李维斯决定，不仅仅生产牛仔裤，而是转型成为一家服装公司。他们收购了Perry Ellis、Oxford Suits以及女装生产商Koret，跌进了"面面俱到"的陷阱。

事后证明，李维斯的非牛仔裤业务是一步坏棋，所幸的是，牛

⊖ 詹姆斯·迪恩（James Dean），好莱坞影响深远的世纪偶像。20世纪50年代，詹姆斯·迪恩颇具代表性地演出了一代人迷失方向的痛苦心态，他穿着T恤衫、皮夹克和牛仔裤的形象如同摇滚乐一样成了一代青年文化的标志。——译者注

仔裤业务并未受其影响，依然继续增长着。到鼎盛时期，也就是1981年，单单在美国市场牛仔裤的销量就达5.02亿条。显然，穿李维斯牛仔裤的远不止牛仔和年轻人。

考虑到李维斯的生意和家族传统，李维·斯特劳斯的后裔——哈斯家族，开始在企业管理中扮演越来越活跃的角色，他们把公司私有化，并卖掉了所有非牛仔裤业务。李维斯因此甩掉了烦人的华尔街，并开始再次聚焦牛仔裤领域。为了强调这一点，1987年，李维斯推出了非常火暴的多克斯（Dockers）产品系列。但到了20世纪90年代，蓝色牛仔裤——这一被好几代的叛逆者和守旧派通用的制服，开始渐渐消失于时尚前沿。截至1989年，李维斯在美国市场的销量从高高在上的5.02亿条跌至3.87亿条。大麻烦来了。

竞争加剧

牛仔裤行业开始晋升为时尚领域的支柱，越来越多的竞争者开始加入战场。其中包括威富公司（VF Corporation）旗下的三个品牌——Lee、Wrangler和Rustler；由服装零售商彭尼（JCPenney）公司、西尔斯（Sears）公司以及盖普（Gap）公司推出的商店自有品牌；还有由知名设计师卡尔文·克莱茵（Calvin Klein）、汤米·希尔菲戈（Tommy Hilfiger）等推出的设计师品牌。此外，来自意大利的年轻人品牌迪赛（Diesel）也趁势登上了欧洲舞台。待一切尘埃落定，消费者面前满是眼花缭乱的品牌：Junco、Mudd、Arizona、Fubu、Badge、Union Bar、Conyon River Blues、Bongo、

Faded Glory等，还有一些品牌连李维斯的经理们也不认得。

突然之间，李维斯的红色标签被众多竞争对手包围。货架空间的保卫战演变得愈加残酷，给渠道带来了巨大的压力。李维斯的多克斯品牌依旧表现不俗，李维斯公司却开始在牛仔裤领域犯下大错。而且，在竞争世界，犯错的代价可是高昂的。

1990年，纵观牛仔裤行业，李维斯占了48.2%的市场份额。Lee和Wrangler共占22.1%，其他品牌占26.5%，零售商品牌占3.2%。到了1998年，李维斯的市场份额已下滑到25%，Lee和Wrangler共占31.9%，其他品牌占22.7%，同时零售商品牌（商店自有品牌）则上升到20.5%。对于牛仔裤的发明人来说，这个世界已经黑白颠倒了。正如大幅缩水的销售数据一样，李维斯的领导地位也消失了。这麻烦大了。

哪里出错了？很多事情都帮李维斯的竞争对手抢走了大片领地。这是一个企业将其领导地位视为理所当然的罕见例子，也是一个企业故步自封的少有案例。

不建立领导地位，等于让竞争对手得利

早期，在李维斯还占据着强势的领导者地位时，它就该在山顶上插上鲜明的领导者大旗。领导地位是企业实现品牌差异化最有效的途径，因为它以最直接的方式建立了品牌信用度，而信用度是品牌表现的重要担保。人们同情弱者，但崇拜强者。

当企业占据山之巅的地位时，它必须确保市场知道其领导地位。

太多的企业将其领导地位视为理所当然（李维斯就是一个），从未广而告之，这无疑是为竞争对手敞开了方便大门。只要有机会，就要在竞争对手面前把门狠狠关上。

可口可乐战略

在某种程度上，作为牛仔裤的发明者李维斯，应该效仿发明可乐的亚特兰大人。

多年前，当百事（Pepsi）开始崭露头角，夺取市场份额时，可口可乐站出来说了一句话，这是业内有史以来关于领导地位最有分量的三个字——真东西（the real thing），从而把百事压得抬不起头。短短三个字，既质疑了竞争对手的正统性，又建立了自己的领导地位。试问，有谁愿意喝冒牌可乐呢？抑或只是一个跟风产品？

从心理角度来说，人们总是青睐原创、第一以及发明者。我们会倾向于对这样的人或产品给出高评价，也许还过高了。因为在内心深处，我们推测（不管这种推测是对还是错）他们会知道得更多，做得更好。

李维斯该做的，是在所有的终端广告上做出以下有力声明，在这句话面前，所有竞争对手将沦为二等公民：

Original Levi's.　　　　　　　李维斯，牛仔裤的原创。

Everything else is a copy.　　　其他都是翻版。

这就迫使消费者站在一排排外形酷似的牛仔裤前，不得不问自己一个棘手的问题："我是想要正版的牛仔裤还是仿制品？"如果价格差距不大，很可能绝大多数人会选择正版（有意思的是，李维斯在欧洲市场获得的广泛成功，全因其牛仔裤定位为"原创"）。

当然，李维斯要继续解释，为何李维斯牛仔裤比其他的"仿制品"要好——比如剪裁、面料、柳丁等，也未尝不可，并没有什么坏处。因为已经占据领导地位，无论李维斯用什么来证明他们更好，消费者都愿意相信。

在李维斯内部，人们以为只要有这名字就足矣。然而，只有名字是远远不够的。当然，赫兹可以只用它的名字。嘿，很多很多年前他们就发明了租车生意。但是，他们依然孜孜不倦地提醒消费者，谁是领导者，谁是跟风者：

Hertz. 赫兹。

There's Hertz and not exactly. 有赫兹，但不全是。

如此这般才能保持屹立山巅不倒，但是，李维斯又上演了失足的其他戏码。

不控制成本，竞争对手就得利

1996年，罗伯特·哈斯（Robert Haas）执掌李维斯。他通过杠杆收购（LBO）方式[○]把这一世界最成功的品牌置于四个人手中：他自己、叔叔和两个堂兄弟。这位在执掌李维斯前曾服务过美国和平队[○]（Peace Corps）和麦肯锡（McKinsey）的哈佛MBA，把开明的管理方法引进李维斯这一老式的服装制造商，对此，各商业媒体无不拍手叫好，奉为名人。他下定决心向世人展示，一个以社会价值为驱动的企业能比单纯靠利益驱动的企业做得更好。对他来说，一个公司除了赚钱以外，还需有其他的目标。这是个不错的主意，但在当今杀人于无形的竞争世界中，这并不现实。看看接下来发生了什么。

- **"美国制造"**。尽管李维斯的生产成本较其他竞争对手高出25%（其竞争对手采用海外生产方式降低成本），哈斯家族依然不愿意关闭美国的工厂。他们指出，"美国制造"很重要。可他们没有注意到，竞争对手的牛仔裤即使不在美国生产，也照样卖得很好。结果，李维斯的价格变得过高，以至于几乎跟设计师品牌持平。这导致零售商们为卡尔文（Calvin）、汤米（Tommy）这些设计师品牌以及其他赚钱的品牌腾出了更多货架。同时，其他较弱的跟风品牌也得以利用价格差优势。只有合乎情理，消费者才愿意为可感知的价值多付一点

○ 杠杆收购（leveraged buy-out, LBO），一种企业金融手段，指公司或个体利用自己的资产作为债务抵押，收购另一家公司的策略。LBO的突出特点是，收购方为了进行收购，大规模融资借贷去支付大部分交易费用，通常为总购价的70%甚至全部，同时，收购方以目标公司资产及未来收益作为借贷抵押。借贷利息将通过被收购公司的未来现金流支付。——译者注

○ 美国和平队（Peace Corps），隶属于美国政府的志愿者组织，旨在促进全球和平与友谊。——译者注

钱。你得让他们感受到物有所值。当李维斯的价格开始提高到设计师品牌的价位时，它却无法提供像卡尔文等品牌那样的声望。李维斯夹在高档货和廉价货中间，无法动弹。

- **"提高客户服务质量"**。罗伯特·哈斯指出，企业克服成本问题的关键是流程再造（reengineering）⊖。因此李维斯要求企业内部上百名人员为公司进行重新设计，还从安达信（Andersen）请来100位顾问着手进行李维斯"顾客服务供应链"（customer service supply chain）的设计。600个岗位说明被改写，大大小小的会议永无止境，混乱正在蔓延。

直到董事会介入，这一愚蠢的行动才告一段落，李维斯也为此砸下了8.5亿美元的巨资。然而，什么都没改变。举个例子，光是兴建位于美国和欧洲的5个大型分销中心就耗资几亿美元。可是这些高科技中心设计得太过拙劣，实际上反而增加了李维斯的分销成本，降低了企业竞争力。此外，该分销中心的选址和设计均是为了接收来自李维斯美国工厂的货物。这样一来，想在不引起混乱的情况下关闭那些高成本的美国工厂就显得难上加难。直到今天，这个错误留下的后遗症依然让李维斯不胜其烦。

那些本想从中获利的零售商们，开始摇头连连，满腹狐疑。1999年4月12日，《财富》杂志关于李维斯的麻烦做了相关报道。其中，李维斯的一个大买家说道："流程再造的结果让我们一头雾水。上一分钟还完全没有客户服务，下一分钟又服务过头了。"此外，

⊖ 流程再造指从根本上考虑和彻底地设计企业的流程，使其在成本、质量、服务和速度等关键指标上取得显著的提高。——译者注

文章还指出了基本货品重新进货的问题，彭尼的标准时间是20天，而1998年李维斯的平均时间长达27天。

对那些顾问们的能耐就先说这么多吧（关于这些家伙，我在第13章将好好说道说道）。

内部导向型思维，使竞争对手得利

在哈斯努力实践的乌托邦式的管理方法下，一个内部导向型的李维斯出现了。哈斯把李维斯想象成一个工厂，在那里，工人的心声跟首席执行官的声音一样都能被听到。然而，太多的人立刻开始在心中算起了小九九。越是要把每一个人的需要都纳入决策制定过程，就越会导致决策拖沓，一事无成，从而使每一次市场反应都耗时过长。

罗伯特·哈斯在员工大会的讲话中，画了一个类似倒金字塔的组织图。他表示，要由最接近市场的员工来作决策，管理层需要对其进行指导和帮助。这种混乱的授权概念反而造成决策制定过程的瘫痪。

更糟糕的是，该新方案让企业花了大量时间盯着自身，忽略了对竞争环境的观察。薪酬计划做了修改，经理们有1/3的奖金将反映他们"雄心壮志"的管理能力。哈斯还委派了80个特别工作组，以让李维斯变得更加"雄心勃勃"。其中，一个工作组向17 000名员工发了一份长达25页的调查问卷；一个多元化研究小组通过组织户外集会，来讨论种族和性别偏见的问题；其他小组互相探讨自身的弱点，分担内心的恐惧，甚至还撰写自己的讣告。这是新世纪的思维大混战。

不用说，这一切带来了不少大麻烦。

失去联系

正当牛仔裤市场发生变革之时，李维斯的人还在忙碌奔波于大大小小的会议之中。孩子们开始向零售商抱怨裤筒太窄了。于是，大型零售商把其自有品牌的牛仔裤裤筒加宽。彭尼、西尔斯、汤米·希尔菲戈以及其他品牌也进行了改进。面对这一切，李维斯依然无动于衷，继续销售窄裤筒的牛仔裤。自然，李维斯牛仔裤很快就落伍了。

就连一度非常热销的多克斯也受到了影响。正当李维斯的人身陷各种会议之时，他们忽略了卡其布市场的一个重大趋势——防皱裤。多克斯对此毫无反应，结果销量暴跌。

正当专卖店在年轻人中开始大受欢迎之时，李维斯依然一心扑在渐渐落伍的百货公司上。不经意间，折扣店成为了行业的大玩家，但李维斯却没有一个可以参与游戏的低价品牌（大竞争对手威富公司就有）。

一旦企业把大量时间花在从内向外思考上，灾难就随之而来。一个优秀的营销人员，应该从外向内思考。

罗伯特·哈斯绞尽脑汁地想把事情搞好，但最终结果得利的是竞争对手们，而非李维斯自己。李维斯从1985～1996年，曾属于美国企业中只占1%的顶尖企业（综合利润增长接近50%，股票价值增长近50倍），而罗伯特·哈斯强调"创造一个成功的企业第一、做正确的事第二"的做法给李维斯带来了灾难性的后果，这让许多高级经理大失所望。

李维斯的未来

我刚刚指出的这些错误对李维斯来说并不算新闻。这一切他们都已记录在案，并逐步重新定义企业使命——从一个具有社会责任感的成功企业改为"休闲服装领域的权威"。

组织变革再次横扫李维斯。他们意识到，孩子们已不穿跟父母一样的牛仔裤了，而且，他们看到市场已被所说的"多品牌战略"细分。我的疑问是，现在才意识到这个不会太晚了吗？毕竟，多品牌战略，李维斯的主要竞争对手威富公司早已做了多年。而且，李维斯在做的真的是多品牌吗？

目前，李维斯正通过不同颜色的标签来区分不同的产品等级：银色（最上等）、红色（原版501）、橙色（一般）。但标签并不等于品牌，品牌依然是李维斯。而且，如果说李维斯是拉尔夫·劳伦（Ralph Lauren）小时候曾穿的，是最早的牛仔裤，那你怎么能对它做出大改动呢？当可口可乐尝试改变原始配方，专为孩子做出口感更甜的新可乐时，那真是一场灾难。不是原创，就一文不值。幸运的是，没过几个月，可口可乐就又回到"经典"的原始配方上。就让孩子们买宽腿裤吧。只要李维斯有足够的耐性，不断地提醒他们穿的是愚蠢的仿制品，当孩子长大，自然有机会回归到"原创"的李维斯怀抱。

但看样子李维斯没多大耐性。他们专为孩子推出了红线牛仔裤（Red Line）。为了保证酷酷的形象，他们破例地把李维斯的标识隐藏起来。甚至，还把公司总部搬到其他地方。为什么要这么做呢？如果将其视为两个独立的品牌，那红线只是众多儿童品牌的其中之一。李维斯承认，他们并没有从新品牌中赚多少钱，但依然心存希望，这些牛仔裤会造成"光环效应"，从而影响李维斯的其他产品。（这怎么可能发生？）

李维斯应该采用的多品牌战略是：李维斯（最早的牛仔裤）、多克斯（卡其布的第一品牌）、施莱特斯（Slates）（需要盛装时的选择）。如果他们能保持这三个品牌健康、有力地发展，精准定位，那么多年来，那些搭便车的竞争对手们的好日子就到头了。

POSITIONING

第 7 章

佳洁士牙膏

看！妈妈，没有领头的

林肯·戴尔门（Lincoln Diamant）在《经典电视广告：流金岁月，1948~1958年》中，对宝洁公司家喻户晓的佳洁士（Crest）广告片做了如下简述："车门大开，一个梳着长辫的6岁小姑娘在草地上迈着舞步，举着她的牙齿保健卡，声音突然响起：'看！妈妈，没有蛀牙！'随着这不朽的喊声，含氟牙膏的时代开始了。"

实际上，真正的关键事件发生在1955年。那时佳洁士作为首个含氟牙膏推向市场。氟可以用来预防蛀牙是一项重大发现。佳洁士将氯化亚锡（stannous fluoride）混合并申请了专利，命名为"氟洛斯坦"（Fluoristan），承诺将实实在在地改变人类的形象。在那之前，缺齿是人类到达特定年龄段不得不面对的现实问题，无论在生理上还是心理上都将加速老化过程，这一点已成为共识。

而佳洁士承诺会改变上述事实。

争夺领导者之战

佳洁士登上舞台之时，牙膏市场是高露洁（Golgate）的天下，其后是Pepsodent品牌和Ipana品牌。后面的这两个品牌都转瞬即逝，所以真正的战争在佳洁士和高露洁之间展开。

这场战争类似于汽车行业中福特和通用汽车、烟草行业中雷诺（R.J.Reynolds）⊖和菲利普·莫里斯（Philip Morris）⊜烟草公司之间的争斗。在每个案例中，都有一个公司在世纪初期占据市

⊖ 雷诺烟草公司，1958~1983年，美国第一大卷烟制造商。——译者注
⊜ 菲利普·莫里斯公司，当今世界上第一大烟草公司。——译者注

场领导地位——福特、雷诺和高露洁，周围都是些貌不惊人的对手。但菲利普·莫里斯和佳洁士却如同黑马，名不见经传地从市场的底端冲了上来。这三个案例中的挑战者——通用汽车、菲利普·莫里斯和佳洁士最终都将市场领导者的地位掀翻。在其后的十多年里，这三个行业分别成为两大主要公司在各自的市场上争夺领导地位的战场。在《22条商规》中，这被称为"二元法则"（the law of duality）。

氟的利刃

让佳洁士胜过高露洁的是氟以及宝洁公司的推广能力。多年的研究发现，饮用水中含氟化钠（sodium fluoride）地区的居民患蛀牙或其他牙齿疾病比饮用水中不含该化学物质的人要少很多。宝洁公司的科研人员试图把该物质加入牙膏中，但实际操作比想象中困难，牙膏中的其他物质会与氟化钠产生反应。

研制工作在印第安纳州立大学展开，由三名化学家——约瑟夫·穆勒（Joseph Muhler）、哈里·戴（Harry Day）和威廉·乃伯戈尔（William Nebergall）进行。他们在9年中对500种化合物进行了试验。穆勒是哈里·戴班上的一位研究生，之后成为了该试验的负责人。1977年，三人中唯一还在世的哈里·戴告诉《路易维尔信使日报》的温斯·斯泰坦（Vince Staten）："穆勒坐在前排，大部分学生对化学根本不上心。他们只想补补牙，但穆勒却很感兴趣。我告诉他，如果他想参与项目，可以做不同氟物质的比较，但是如果没有什么结果，我也不会奇怪。"终于，穆勒发现了氟化亚锡，它能代替氟化钠起作用。佳洁士诞生了。佳洁士的广告中非常强调防蛀牙的成分，包括前面提到的"看！妈妈"的广告。当小姑娘告诉妈妈她"没有蛀牙"时，妈妈说："老天，用佳洁士牙膏的作用真大啊！"此时画外音响起："是的，佳洁士牙膏能够有效防止蛀牙，因为牙膏里含有氟的特殊配方。你知道，氟是牙医用来消灭蛀牙的武器。"

氟的胜利

尽管这些说辞令人印象深刻，但不像其他品牌仅围绕所谓的神奇配方大做文章，佳洁士有充分的事实为证。结果佳洁士拥有了10%的市场份额，这对刚刚上市的新品牌而言是不错的结果。但宝洁公司的经理们深知，他们手中掌握着突破性的技术。他们也知道高露洁很快将推出含氟化亚锡的牙膏品牌——酷牌（Cue），有可能将佳洁士刚努力到手的市场份额清零。这时，宝洁公司的一位经理——他注定要成为宝洁公司的总裁，正在幕后精心策划一场突袭，这比任何广告对佳洁士的未来影响都大。

约翰·斯梅尔（John Smale）是宝洁公司的广告经理助理，他向美国牙医协会（ADA）提出申请，要求正式承认佳洁士及氟化亚锡对预防蛀牙的作用。斯梅尔相信，如果获得承认，会提升公众对佳洁士的认知度。问题是美国牙科协会从未对任何牙膏品牌背书，也没打算会这样做。经过多年的申请，加上附上大量证明材料，美国牙科协会最终颁发了认证书，该认证书成了佳洁士广告中反复播出的内容。戴尔门认为，美国牙科协会意识到了人类所创造补救牙齿的方法，在历史性的认证里指出："佳洁士已经被证明是可预防蛀牙的牙膏。如果能够在口腔卫生和日常专业保护方面经常使用，可取得显著效果。"

拜该背书所赐，佳洁士迅速控制了1/3的牙膏市场，并且在市场上占据领导地位长达35年之久。

氟的问题

然而，在营销战中，事物不会一成不变。

各个社区开始在饮用水里添加氟，孩子们的蛀牙现象开始逐渐消失。在1960年，平均每人有15颗蛀牙。可到了1987年，平均蛀牙数量降至3颗。预防蛀牙的概念开始失效。因为蛀牙不存在，佳洁士的问题就出现了。利基品牌（niche brands）⊖开始在市场上吃香，佳洁士的市场份额则在下降。市场上的利基品牌有"怀旧的"苏打牙膏，有"天然的"缅因汤姆（Tom's of Maine）牙膏，有"去渍增白"的洁宝（Topol）牙膏，还有"抗过敏"的史克舒适达（Sensodyne）牙膏。此外，还增添许多美容牙膏，如优特白（Ultra

⊖ "利基"一词是英文"niche"的音译，利基营销又称"缝隙营销"或"补缺营销"。菲利普·科特勒在《营销管理》中给利基下的定义为：利基是更窄地确定某些群体，这是一个小市场并且它的需要没有被服务好，或者说"有获取利益的基础"。营销者通常确定利基市场的方法是把市场细分再细分，或确定一组有区别的为特定的利益组合在一起的少数人。——译者注

Brite）牙膏、皓清（Close-Up）牙膏以及家护（Aquafresh）牙膏。这些牙膏能在刷牙时洁白牙齿，清新口气。你看起来不错，而且口腔的气味也更好了。

站在十字路口的佳洁士

所有这些品牌都给佳洁士造成了困扰。公司是否也应该"面面俱到"呢？是否要推出佳洁士漱口水？或美白牙齿的佳洁士？或含苏打佳洁士？抑或是抗过敏佳洁士？如果这样做将会削弱佳洁士在治牙护牙上的定位，或许对手高露洁就会乘虚而入。

另外的问题在于公司还面对"用或不用"的两难境地。爱姆（Aim）牙膏曾经利用定位在"味道好的牙膏"而占领了10%的牙膏市场。他们的想法很简单，"妈妈们，孩子们喜欢牙膏的味道就会花多一些时间刷牙。"后来，爱姆陷入了"面面俱到"的陷阱中，推出了抗牙垢爱姆牙膏和薄荷胶爱姆牙膏。今天该品牌仅占牙膏市场的0.8%。如果宝洁公司希望在美容牙膏方面更进一步，他们应该效仿本田/讴歌（Honda/Acura）⊖的战略，针对不同的细分市场推出不同的品牌。如果试图做到"面面俱到"，满足所有人的需求，公司最后的结局是一无所获。雪佛兰是什么汽车？是大型车，是小轿车，是经济型车，是高档车，是轿车，是卡车，是跑车。最后什么都不是。

⊖ 本田公司推出的高端汽车品牌。——译者注

分年龄阶段如何

有人曾向宝洁公司建议：针对不同年龄段的人群推出不同的佳洁士牙膏。这便是婴儿尿片帮宝适（Pampers）的战略：新生婴儿，婴儿，爬行婴儿，会行走婴儿。但该战略没有考虑到帮宝适品牌的不同年龄段只涵盖孩童的3年时间，而佳洁士要囊括的是人的70年：从孩童（口味），到青年（漱口水），直至老年（抗过敏配方）。而不同的年龄段均已被占领：孩童（爱姆），青年（家护），成年人（佳洁士），老年人（史克舒适达）。显然这想法行不通。

佳洁士应该如何行动？下面是公司要做却没做的事情，因而得到了沉痛的教训。

有时，定位需要发展

首先，佳洁士考虑的重点应该放在牙膏市场治牙护牙的疗效上，这是佳洁士在消费者心目中的地位。没有漱口水，没有美白牙齿的牙膏，只有严谨的口腔保护技术。佳洁士应该从"防止蛀牙"逐渐过渡到"口腔保健先锋"。很遗憾，佳洁士从未认为这是一条出路，仍然在打造不同形式的佳洁士。

只要对牙齿趋势稍做研究，他们就应知道该如何发展：

- 蛀牙情况在减少。
- 人类的寿命延长，使用牙齿的时间也相对延长。
- 控制牙垢和牙龈疾病成为更重要的事情。

让我们了解一下控制牙垢，这也是佳洁士得到的沉痛教训。

千万不要忘记公司的过去

值得称赞的是，1985年宝洁公司推出过控制牙垢的牙膏，但没有获得像当年推出含氟牙膏一样的竞争力。其中一个原因是：他们似乎把1955年的成功经验完全抛诸脑后。广告中也没有类似"战胜牙垢"之类鼓动人心的语言，只是简单地说明减少牙垢可使牙医更容易清洗牙齿。这对绝大多数人而言完全是件小事。故事应该如此阐述：

- 因为有了佳洁士，今天的蛀牙已不再是大问题了。
- 今天的大问题是牙垢。
- 牙垢会产生牙龈问题和缺齿。

公司也忘记在广告中放进神奇的成分。在含氟的故事里边，公司有"氟洛斯坦"（Fluoristan）。在关于牙垢的故事里，也应该有"抗牙垢坦"（Tartastan）。但他们没有这样做。

原因之一是30年前，公司发起佳洁士推广活动的时候，现在的管理队伍根本不存在。公司并没有记住他们的成功经验。

此外，公司对此从未进行过相同程度（与佳洁士推出含氟牙膏相比）的关注。该产品广告只不过是众多版本之一。而1955年推出的只有佳洁士含氟牙膏。

最后，反倒是对手高露洁公司从中吸取了教训，他们内部把这称为"含氟牙膏的惨败"。他们迅速对佳洁士的推荐进行广告还击，强调他们的控制牙垢产品可大量减少牙垢。他们没有给佳洁士任何回旋余地。

这够不幸的了，但真正的麻烦还在后面。

永远不给强有力的竞争对手任何空隙

牙齿发展趋势显示了牙齿保健的类别：防止蛀牙，控制牙垢，牙龈保护。佳洁士参与了前两项，但真正的战役却是在最后一项。谁率先突破了所有三项护牙功能，谁就有可能成为胜者。佳洁士和高露洁对此都心知肚明。但宝洁公司的某人、某部门却甘冒让高露洁抢先掌握抗牙龈炎先机的风险，他们没有率先推出产品，也没有用自己的产品对抗高露洁，让高露洁把握了产品的机会。其中的某人曾告诉我，是研发方面的问题。而我的建议是那就赶快找更优秀的研发人员。

结果高露洁率先在市场上推出涵盖三项的牙齿保护产品（防止蛀牙，控制牙垢，牙龈保护）。凭借该产品的成功，高露洁公司在做了30年老二之后，终于重新当上了市场老大。这不仅显示了公司持续努力的毅力，而且在当今竞争激烈的市场上，要做到如此转换实属罕见。

在高露洁公司的某个地方，一位产品经理带着市场份额数据，满面春风，他敲开办公室的门，自豪地对老板说："看，老板，我们是老大了！"

POSITIONING

第 8 章

汉 堡 王

管理层如同走马灯

2000年11月13日，《新闻周刊》刊登了一篇题为《褪色的皇冠》的文章，披露了美国汉堡连锁店的诸多麻烦：

> 长期在汉堡大战中位居第二的汉堡王（Burger King）被一大堆问题纷扰，从下滑的销售到效果不佳的广告，再到媒体名人阿尔·沙普顿（Al Sharpton）领导的抵制运动⊖……目前，汉堡王又开始寻觅在11年内的第7位CEO。公司也很可能更换广告代理。因为广告效果奇差，消费者只记住了口号"有冲动了吗？"汉堡王在美国每个连锁店的销售额都在下降。

不用说，汉堡王的王国有麻烦了。

很久以前

汉堡王和其著名的皇堡⊜（Whopper）诞生于20世纪50年代末。生逢其时，20世纪60年代是快餐业，包括连锁餐厅和特许经营店的发展初期。随着城郊、汽车和电视的发展，美国人的生活方式和速度开始加快，人们要求方便、经济的餐饮服务的条件已成熟。20世纪60年代末70年代初，快餐市场迅速成长，各连锁餐厅对市场份额和领导权的争夺，使竞争不断升级。

⊖ 沙普顿领导的美国黑人民权团体曾对纽约的一家汉堡王分店发起抗议抵制活动，理由是他们忽略了非洲裔美国人的权益，未如原先承诺的那样在众多分店中雇用黑人店员，同时也未将黑人供应商公平纳入商业交易范围。——译者注
⊜ 皇堡，汉堡王的招牌汉堡包。——译者注

领导权之战

汉堡王是美国最大的餐饮连锁店之一，正踌躇满志地向快餐业的领导者地位迈进。公司深知广告的重要性，在20世纪60年代，汉堡王的规模就已经很大，有能力支付花费不菲的电视广告了。整个60年代，汉堡王的广告都围绕其最受欢迎的产品——皇堡来做文章。皇堡的广告语以简单的诗歌形式表达："汉堡汉堡，越大越好。"(The bigger the burger, the better the burger)。另一则早期营销的口号为："吃皇堡，要两手并用。"

成功的广告口号仍然解决不了汉堡王的最大问题。虽然汉堡王扩张的势头很盛，但公司却没有足够的资金保持发展速度。公司上市的努力失败了，所以当皮尔斯百利公司（Pillsbury Company）向汉堡王提出合并的请求时，汉堡王接受了，相信该公司可以解决汉堡王的资金问题。

麦当劳突起

然而事与愿违，合并之后，皮尔斯百利公司削减了扩张计划，让汉堡王大失所望。麦当劳迅速超越，而汉堡王则只能在一边看着，干着急。

1970年，汉堡王开办了167家新店，而麦当劳开了294家，还发起了"你今天应该放松一下"的促销活动。第二年，汉堡王开的新店下降至107家，但麦当劳一口气增加了384家。

游戏结束了。麦当劳通过大跃进式的扩张成为市场的老大。汉堡王被迫接受了老二的位置。

"按您的意思办"

领导权的问题尘埃落定以后，汉堡王的表现是个好老二：他们不断进攻领导者。1973年，针对麦当劳高度机械化生产和汉堡制作机器缺乏灵活性的弱点，汉堡王成功地发起了一场营销活动。新活动聚焦于消费者个人的口味变化。他们向客户承诺：

> 可以有腌渍泡菜，可以有生菜，特殊订单对我们不是难事。让我们按您的意思办。

"按您的意思办"的促销活动异常成功，该口号沿用了几十年。这才是个暖身活动，到了20世纪80年代，竞争开始加剧。

对比性广告

1982年，公司的营销副总裁杰弗里·坎贝尔（Jeff Campbell）在竞争活动中明智地增加了筹码。"要烤不要炸"和"汉堡包之战"开始了。餐饮业第一次出现用广告进行四项对比：（1）在口味盲测⊖

⊖ 盲测是市场调研中进行产品测试时常用的方法。在测试过程中，被测试产品的品牌、名称、包装或其他可以识别的内容要求隐藏起来，不给被访者过多的提示。用户在不知具体品牌的情况下，通过实际使用几个同类产品，来比较各个产品的性能。——译者注

中，汉堡王的皇堡赢了麦当劳的巨无霸和温迪◌（Wendy's）的单层汉堡；（2）"烤"比"油炸"更受欢迎；（3）"按您的意思办"广受欢迎；（4）汉堡王普通汉堡包的尺寸大于麦当劳的汉堡。

早期有一则广告，内部人士称为"莉·汤普森"（Lea Thompson）◌篇。画面一开始是皇堡的特写，画外音："汉堡王发布的重要信息。"莉·汤普森坐在壁炉前面的皮椅子上，款款说道：

> 很久以前就有了麦当劳、汉堡王和温迪。有些东西变了，有些则没有改变。皇堡在消费者测试中赢了巨无霸。所以，虽然麦当劳、汉堡王和温迪依旧，但可不一定是按上述的顺序排列。

1983年，该广告活动延续了一年，开始的几个星期聚焦在"要烤不要炸"，其后的4个月的主打口号为"百万人大更换"，因为大量的消费者更换了以前去的餐馆。该说法有来自伊利诺伊州罗斯蒙一个市场调研公司——CREST公司的数据支持。这一强势的宣传活动还包括一则广告：原来是麦当劳铁杆粉丝的一家人，不得不用喜剧演员格罗科·马克斯（Groucho Marx）的眼镜和小胡子乔装打扮，因为他们也"叛变"了，所以不敢以原来的面目示人。

有效的广告再次强调烤肉汉堡胜于麦当劳和温迪的油炸肉汉堡。广告片选用了一家穴居人、小婴儿和20世纪80年代的电视童星伊曼纽尔·刘易斯（Emanuel Lewis）。美式足球运动员德姆西（Dempsey）在片中宣称："事实证明，从原始的穴居人到现代家庭

◌ 温迪国际快餐连锁集团，美国第三大快餐连锁集团。——译者注
◌ 著名演员。——译者注

都更喜欢烤肉，那凭什么烤肉汉堡还要排在油炸肉汉堡的后面呢？"

在一则广告片里，女孩们在梦中的聚会中，讨论汉堡王烤肉的双层汉堡（Double Burgers）和麦当劳的油炸1/4磅汉堡（Quarter Pounders）哪种更好；另一则描述一个20世纪40年代的侦探，他认为烤肉双层汉堡是油炸肉汉堡的"双层打击"。

效果显著

"汉堡包之战"的效果超过了所有预期。市场份额大幅度提高，在接下来的3年中，汉堡王连锁店的单店销售从75万美元提高到了100万美元。消费者对汉堡王的评价急速升高，而对麦当劳和温迪的好感则在下滑。CREST公司还发现，与未做广告之前的那一年相比，有超过200万名消费者转换至汉堡王。

"汉堡包之战"真正的突破在于麦当劳和温迪对汉堡王提出了诉讼，要求停止播放广告。它们的行为扩大了宣传，让广告活动更加成功。最后，事情以协议的方式进行了私下和解，但那时广告活动已进行了3个月。随着诉讼争执在新闻里的传播，汉堡王在消费者中的知名度进一步提高。

问题初现

虽然法律诉讼和针锋相对对业务有好处，但对内部体系则是坏事。皮尔斯百利公司只是中西部地区一家保守的公司，对在迈阿密的桀骜不驯的子公司表示担忧。不用什么说服工作，突然间，汉堡王不做好老二了。他们停止了对老大的进攻，而开始寻求所谓的"雨伞计划"，即可以涵盖汉堡、早餐和鸡肉类产品市场。他们认为此类活动与麦当劳的"你今天应该放松一下"和"现在是麦当劳的美味时刻"类似，为何不能让他们的广告为我们服务呢？

汉堡王发起了"寻找仙草"的活动，一个令人难堪的广告片，刻画了一位从未品尝过汉堡王皇堡的呆子（这就是一枚炸弹）。

接下来的是"这里是汉堡王城"的宣传，这说法毫无意义，明摆着麦当劳的连锁店远远多于汉堡王。美国很多地方都有"麦当劳城"（这是另一枚炸弹）。

其后又有"最快的时间获得最好的食品"活动。该说法也不尽翔实，麦当劳的机械化程度最高，被人们公认为提供食品速度最快（又添一枚炸弹）。

如此这般，都为第二名的公司提供了不能忘却的教训。

第二名必须持续进攻

汉堡王从"雨伞计划"中得到了沉痛的教训，该计划只对领导者有利。对非领导者唯一有效的就是进攻行动。汉堡王"按您的意思办"、"汉堡包之战"和"要烤不要炸"的成功经验都说明了这一点。他们迫使麦当劳后撤，处于守势。一旦汉堡王停止进攻，则让领导者回到攻击状态，重新部署。

连温迪也能证明该观点。温迪曾发起的"牛肉在哪里？"和

"又热又香"活动就非常成功。尽管温迪有个超好的代言人大卫·托马斯（Dave Thomas）[⊖]，但他们目前的工作远不及早期的定位——"温迪拥有胜过麦当劳和汉堡王的优质汉堡包"成功。

进入现场

20世纪80年代末，杰弗里·坎贝尔要求我和前合伙人前往迈阿密，评估"雨伞计划"和进攻计划的优劣，最后回答"进攻还是不进攻"的难题。

身为《商战》[⊜]一书的作者，我们都赞成公司的进攻战略，但在何处发起进攻和如何进攻则是要考虑的问题。为此，我们专门给坎贝尔和管理层讲述了市场第二名公司必须坚持的战略，即进攻战的三项基本原则。

下面就是当时我们在迈阿密一间舒适的房间里，向为数不多的高管们所陈述的每一字句和观点：

• 公司所处在的地位？

汉堡王是个有实力的老二，必须采用进攻战的行动原则。

领导者当然是麦当劳，会采取防御的方式。

温迪是侧翼进攻者，白色城堡（White Castle）[⊜]和其他餐馆则是游击队。

⊖ 大卫·托马斯，温迪汉堡餐厅的CEO和创办人，大卫以亲切朴实的形象出现在电视上，作为公司的代言人。——译者注
⊜ 本书中文版已由机械工业出版社出版。
⊜ 白色城堡：美国公认最早开设的快餐店。——译者注

进攻战的原则是什么？

- 进攻战原则一：

考虑的重点应该是领导者在市场中的强项。

麦当劳是领导者。

- 麦当劳的强项是什么？

麦当劳最强之处为"服务速度"。

汉堡王的进攻应避开麦当劳的强项。

- 进攻战原则二：

要找到领导者强势中的弱点，并攻击此弱点。

- 速度的弱点是什么？

在麦当劳，你拿到的是按他们的方法制作的汉堡，否则员工就违反了规定。

经过多年的了解，你们已发现了该弱点并成功地发起"按您的意思办"的活动。

但是，时代已经变了。

- 服务速度已变得相对比口味更重要。得来速（drive-thru，免下车取食）业务的剧增证实了这一发展的趋势。1981年为40%，而去年则达到51%。

- 现在需要重新发现麦当劳另外的强项。

一个非常明显的强项是儿童方面的业务，代表人物为麦当劳叔叔。

- 儿童方面的弱点是什么？

麦当劳是"儿童乐园"的认知。

- 在现实当中，绝大部分麦当劳餐厅都有儿童游乐园，很多餐厅的前面布置成游乐场地，配有秋千和滑梯。

- 另外麦当劳和西尔斯商店推出的系列服装也能说明麦当劳与儿童的密切关系。

  品牌名为"麦氏儿童"（McKids）的服装。（这是枚炸弹）

- 进攻战原则三：

  在尽可能狭窄的阵地上发动进攻。

- 汉堡就是进攻的最窄前沿。

  不要忽视餐厅里悬挂的标示"汉堡王"。

  尽管你不希望，却走不出汉堡的范畴。

- 汉堡王的强项在何处？

  一言以蔽之——碳烤。这是公司享有的巨大强势，但需要与麦当劳的弱项相结合。

- 建议采用两部分很明确的战略。

  第一部分：儿童乐园。让人们对麦当劳的秋千和滑梯嗤之以鼻。

  第二部分：碳烤。当儿童长大后，他们更喜欢汉堡王的碳烤口味。

  这些想法对各位而言是显而易见的。但实际上最浅显的想法却最容易被忽视。

  "长大"的想法不但明显，而且公司以前已用过。但有两种推行"长大"观念的方法。

- 可行方法之一是我们所称的"成人礼"，如同进入高中的第一天，新生都得听学长的命令。

这一方法非常有效，因为触及人类的基本情感：当儿童告别了孩提年代。

学长向新生指出：麦当劳是小孩子的玩意，因为他们年纪小，还不懂欣赏碳烤的口味。

• 孩子们会对这样的广告生气吗？

我们认为不会。在我们的看来，孩子在任何年龄段，都不愿意被看成是孩子。成年人也不愿和孩子们混在一起（自己的孩子除外）。你可以联想到百事可乐的做法。可口可乐是原创，吸引了老一辈客户群。百事放弃了这部分客户，定位在年轻一代的选择上。公司获得了巨大的成功。

以上所述都是为了让杰弗里和他的团队理解一个简单但是基本的原则。

老二不能在老大的后面亦步亦趋

因为领导者的规模大，效益好，很多市场上的第二名都认为要效仿第一名的做法。然而想要成功，其诀窍在于与众不同，而不是效仿。我们的建议随即引发了第二个问题：汉堡王放弃了儿童市场吗？（这对以家庭为主要消费人群的行业来说，简直就是骇人听闻的想法。）

对这个问题的回答是：没有放弃。汉堡王要划分小孩子和大孩子。当小孩子从秋千和麦当劳叔叔那里毕业了，让他们成为汉堡王的小顾客，让他们感到和那些滑滑梯的小朋友相比，自己已长大成人。

麦当劳已经吸引了小朋友，要使他们离开是极为困难的。这项基本原则称为放弃：有所失才能有所得。要争取大孩子，就要放弃小朋友。对的，这意味着从设施里移走秋千和不再进行针对小朋友的促销活动（这也意味着向特许经营店说明改变的想法）。

除了管理层什么都没变

改变是艰难的，尤其还必须放弃一部分已拥有的市场份额。这样的努力是无效的。杰弗里·坎贝尔想试试水，让我们将"长大成人"的想法和他们的广告代理交流。他们理所当然地全面否定了。杰弗里决定不再奋战，但他升官了。他去皮尔斯百利公司总部担任了更高的职务。

成群结队的新管理层和广告代理商开进了迈阿密总部，就如许多案例中的情形一样，对于如何推动销售，每个人都有自己的主意。无效的广告推广一波接着一波。以下罗列了其中一些效果糟糕的推广中毫无意义的口号：

- "我们做的和您做得一样。"（人们谁会记住这个？）
- "有时候，您必须打破规定。"（什么时候做汉堡包有了规定？）

- "您的做法就是正确的做法。"（他们要是套用原来1973年的老方子呢？）

- "您的汉堡真值。"（如果质量好，未必就要便宜。）

- "有冲动吗？"（有，来一个比萨饼。）

上述做法丝毫没有攻击领导者。确切地说，20年前，公司执行了正确的战略计划（要烤不要炸），其后他们花大把银子做促销活动，用儿童俱乐部和与迪士尼联合吸引小朋友。他们继续像市场老大一样行事，而不是老二。此路不通。

这些让我们进入下一个教训。

更换管理层造成队伍混乱

在11年里更换了7任CEO，在20年内更换了6家广告代理，员工们自然心神不定。一朝天子一朝臣，还有层出不穷的新计划。新人指责前任的失误，许诺要为了改变而改变。对于公司的队伍而言，这番言论他们已经听了N遍。就像一支部队，连续更换将军，每一位将军都有自己的作战方案，最后都失败了。

公司遭遇特许经营店的反抗也就不足为奇了，特许经营店对汉堡王的东家——英国巨头帝亚吉欧公司（Diageo plc）㊀厌恶至极。帝亚吉欧公司旗下还拥有其他品牌，包括健力士（Guinness）啤酒

㊀ 帝亚吉欧公司，汉堡王继皮尔斯百利公司、英国企业"大都会"之后的又一位东家。世界最大的高级酒品公司，占有全球30%左右的洋酒市场份额，并同时拥有100个世界顶级酒类品牌中的14个。——译者注

和宝狮（Smirnoff）伏特加。也难怪汉堡王的销量比5年前减少了，其他竞争者的增长率高出汉堡王5倍。

全国特许经营协会（代表着汉堡王7800家连锁店）的总裁斯蒂文·路易斯（Steven Lewis）在《新闻周刊》的文章里对东家没什么好话："他们距离遥远，是又要控制又霸道的母公司，却从不花时间了解我们的业务。"路易斯坚持要帝亚吉欧公司放松管控，这对"品牌的运作和发展而言是最为重要的"。

打住，好像新的管理层又要上路了。

许多年后，阿拜（Arby's）碳烤牛肉三明治连锁店运用"长大成人"的想法，将自己的业务定位在成人快餐。他们目前的标语口号为："到阿拜的店里来，你的口味已经成长了。"

这说明好的创意无论早晚都会被人发现的。

POSITIONING

第 9 章

凡 士 通

走向死亡

2000年，凡士通（Firestone）的旗帜倒了，当时，关于福特探险者（Ford Explorers）越野车翻车事故⊖、伤亡人数、轮胎胎面脱层⊜的危害以及导致事故的不明原因探讨的文章、报道和采访足足有4700篇之多。在媒体黄金时段里传播的信息只有一个：凡士通的轮胎产品质量太差。

品牌遭遇了如此负面的报道还能翻身吗？精心策划的媒体宣传能够反击所有的负面信息吗？

恐怕不能。

在灾祸降临时，凡士通还不是一个强大的品牌。它只不过是排在米其林（Michelin）、固特异（Goodyear）和凡士通的东家普利司通（Bridgestone）后面的一个二线品牌。强大品牌所建立的信誉或许还能一战，但弱势品牌则无计可施。因此，凡士通公司的前途未卜。尽管现在公司的前景不甚乐观，但它从前的确有过光辉的历程。

初创年代

即将进入20世纪之时，31岁的投资家和企业家哈维·凡士通

⊖ 2000年，福特生产的"探险者"越野车经常发生车毁人亡的严重翻车事故，截至2001年2月，共导致174人丧生。福特公司指责是"探险者"所使用的凡士通轮胎的安全性能导致了车祸频频发生。对此，凡士通公司认为问题的关键在于福特汽车存在的设计缺陷。2001年5月，福特公司在没有向凡士通公司提供支持更大范围回收数据的前提下，单方面宣称替换福特汽车上的1300万只凡士通轮胎。随后，凡士通致信福特，宣布不再与福特公司合作。两家公司长达百年的合作关系就此结束。——译者注

⊜ 胎面脱层：指轮胎胎面胶从带束层、缓冲层或胎体帘布层脱离的现象。——译者注

（Harvey S. Firestone）抓住了制造轮胎的新技术。他在俄亥俄州的阿克伦（Akron）开始了第一家工厂，雇用了12名员工。凡士通先生的确是轮胎制造业的先驱者之一。当他领着托马斯·爱迪生（Thomas Edison）在自己的植物园林里参观时，他的眼里只有橡胶树。

凡士通首创了浸胶和充气轮胎，取得了汽车安全和舒适方面的重大突破。这使凡士通在卡车轮胎方面更具优势，曾经美国有一半数量的卡车轮胎采用凡士通的。凡士通公司曾在《星期六晚报》（*Saturday Evening Post*）上用两页整版进行广告宣传，大标题为："卡车运输，今日和明日交通的主流。"从今天高速公路的发展情况来看，该广告宣传绝对是成功的。

在第二次世界大战期间，凡士通公司是供应美国军队可折叠橡皮筏、浮桥、卡车和吉普车轮胎的主要供货商。

竞赛年代

为了使自己的轮胎通过终极测试，哈维·凡士通参加并赢得了第一届印第安纳波里斯500（Indianapolis 500）美式赛车大赛。多少年来，这传说在砖厂举行的赛事演变成固特异和凡士通之间的大战。每一年，两家公司轮流宣称赢得大赛及获胜的年份。凡士通获胜居多。多年来，他们共收藏了50面格子冲线旗并获得了巨大的声誉，于是，公司将一组轿车轮胎的品牌命名为"凡士通500"。他们原以为赛车的荣誉终将磨灭，没料到，唯一磨灭的却是轮胎面。

"凡士通500"的失败

20世纪70年代中后期，凡士通轮胎受到了首次公开的强烈批评。政府强制要求召回轮胎，根据报道，"凡士通500"出现的爆胎和其他事故导致了41例死亡和65例受伤案。

此外，该产品还未能通过政府的安全测试。总之，大约1400万只轮胎被召回，凡士通的声誉从此风光不再。固特异成为美国市场的领导品牌，凡士通沦落为二流玩家。凡士通输掉了最重要的一场比赛——领导权之战。

此外，召回轮胎的财务危机让凡士通丧失了独立性，最终被日本的轮胎公司收购，凑巧的是，这家公司亦有个相近的名称——普利司通。于是，在1988年，哈维的名字被挪到后面，公司的正式名称为：普利司通/凡士通（Bridgestone/Firestone）。

面对今天的问题，很讽刺的是，普利司通的创始人石桥正二郎（Shojiro Ishibashi）告诫自己的公司："为社会提供最优质的产品。"而哈维·凡士通给自己公司树立的警言为："做今天的'最好'，明天的'更好'！"只能说，如果这两位领导者能看到公司今天的问题，心情将非常沉重。

公司名称，使用两个公司名不如使用单一公司名

如果两家公司合并，把两个品牌合成一个品牌并没有好处，两

个品牌都会模糊自己的身份。普利司通在远东赫赫有名，尽管该公司1967年就进入美国，但在美国市场上却依然默默无闻。

尽管该公司的日本出身被纯英国式的名字和意大利发音的轮胎品牌名（Potenza）所遮掩，要在消费者在心智中留下一个名称实属不易，要在心智中留下两个名称则实属不行。会有人说：PricewaterhouseCoopers（普华永道）⊖吗？不会，人们只会将"coopers"省略，两公司合并后仍沿用更响的名字"Pricewaterhouse"（普华）。

其次，拥有两个品牌名称会出现的问题为：当一个品牌出麻烦的时候势必影响另一品牌。目前戴姆勒-克莱斯勒（Daimler-Chrysler）公司的案例正是如此情况。底特律的克莱斯勒（Chrysler）公司陷入麻烦之中，他们远在德国斯图加特的伙伴都能感到不适。普利司通/凡士通的情况也相同。经历了很长时间，人们才对日本名有所理解，但那理解却是负面的。

澄清混乱

现在是时候将"凡士通"的名字从商店和公司的标示中清除，以正视听。凡士通品牌已成为一个日薄西山的弱势品牌。由于法律诉讼和负面的舆论仍在继续，它已无法再翻身。随着法律的千夫所指，凡士通原来为美国汽车制造商如福特公司等加工轮胎的代工业

⊖ PricewaterhouseCoopers：英文缩写为PWC，普华永道会计师事务所，国际四大会计师事务所之一。——译者注

务（OEM）必定付诸东流。

通过聚焦在普利司通品牌以及该产品的性能声誉，公司可以宣称是世界上三大轮胎公司之一（固特异、米其林和普利司通）。这会给公司带来巨大的信誉。

如果普利司通能将背负的"石头"（即凡士通品牌）去掉，便可以聚焦于新技术，吸引更多的潜在轮胎购买者——正如多年前米其林推出子午轮胎，固特异推出创阿考奇（Aquatread）防滑轮胎一样。设计低噪声轮胎可能不失为一种办法。公司可以推出"静音轮胎"（Quiet Tire，QT）。在促销产品时，可以使用噪声监测设备。这个演示还将提醒人们，他们的轮胎噪声到底是多大（静音在消费者的心智中等同于质量）。

信誉第一，技术第二。将两者聚合后，普利司通在美国轮胎购买者的心智中会成为高质量的轮胎品牌，而不是濒临死亡、质量不好的凡士通品牌的东家。公司还可以利用为日本多家汽车加工轮胎的优势，用普利司通取代凡士通的轮胎代工业务。凡士通作为有价值的品牌，还可以保留一段时间（不参加赛事，不做广告宣传）。公司可用资金建立普利司通品牌，并利用随之而来的机会（后面还有论述）。

但在本书写作过程中，凡士通发起了广告宣传，力图恢复已被损毁的声誉。这会成为另一个教训。

不要试图改变市场的观念

多年以来，我一直在观察和论述那些耗费大量资金并试图改变市场观念的公司。

曾经提及的施乐和AT&T浪费了数十亿美元，试图向市场证实他们可以生产不是复印机或电话机的产品。

他们的电脑产品依然无人问津。

大众汽车的股值跌了60个百分点，原因就在于公司尽力在市场上证明它不只生产像甲壳虫这样小型的、可靠的经济车型。

没有人买大型的、速度型的大众汽车。

可口可乐依仗着自己的声誉和资本，在市场上证明他们还有比"真东西"更好的可乐。

他们的新可乐没人理会。

当市场已经将某一产品深植在心智当中，任何想改变原来认知的行为都是徒劳。

现在，凡士通正在试图向我们证明，我们会将数以千计关于他们轮胎质量差劲的报道统统遗忘。他们要"重新开始"。

凡士通的新广告告诉我们他们现在如何生产优质轮胎。不幸的是，正在广告期间，福特汽车宣布，它将花费30亿美元重新更换近1300万个凡士通轮胎，更换的原因为：未经上次召回的轮胎的事故率可能会增加。此后，凡士通将福特从客户名单中剔除，双方在媒体上互相攻击。这下子可好，合作关系和广告效应都没了。

可能美国人会原谅和遗忘，但我的预测是：除非他们获得了极其优惠的条件，否则没人会购买该品牌的轮胎。

试图改变态度

在1995年出版的《再造革命》（*The Reengineering Revolution*）一书中，由麻省理工学院教授转为咨询顾问的麦克尔·哈默（Michael Hammer）认为：人类对变化有本能的抵制，这使再造工程成为"最为困扰，最为烦人，最为忧心，最为混乱"的部分。

为了帮助我们理解这种抵制，1996年出版的《态度与说服》（*Attitudes and Persuasion*）一书中提出了部分见解。该书由理查德·佩蒂（Richard Petty）和约翰·卡乔波（John Cacioppo）撰写，对于"信念体系"（belief systems）有进一步的阐述。以下是书中对于心智为何难以改变的说明：

> 就信息理论观点而言，信念体系的本质和结构很重要，因为信念足以产生态度的认知基础。若要改变态度，就必须更改态度产生的信息基础。这样做是必需的，为此，要改变一个人的信念，就要消除旧的信念，或者引进新的信念。

你能在短短30秒的广告里做到上述所有行动吗？

绝无可能。

心理学家的说法

1998年出版的《社会心理学手册》重申了要改变态度的难度：

任何改变态度的计划都存在难以克服的困难。即使通过心理治疗那样复杂和强烈的过程，要改变一个人的基本信念的难度还是极大的。同时，对某些人能产生有效影响的做法对其他人可能无效。

令人更加困惑的是，在此问题上没有绝对的真理。请看下面的观察：

人们对广泛的事物均有自己的态度，甚至是对不太了解的事物，如土耳其人，或与日常生活没有关联的事物，如外星球生物，大家似乎对各自的喜好（或嫌恶）都很明确。

如果回放过去的电视剧《不可能完成的任务》（*Mission Impossible*，又名《碟中谍》），如果你是菲尔普斯（Phelps）先生（该剧主角），安排的任务是改变人们的心智，那可是万万不能接受的任务。

普利司通/凡士通将资金用于建设普利司通品牌和开发市场新机遇的做法更有实际意义。能够改变其以前形象的机会等于零。这就是我们下面要论述的另外一个教训。

不要将资金用于濒临死亡的品牌上，应用在新的概念上

如果普利司通要成为运营的品牌和公司的名称，而凡士通将退

居成为没有支撑的低价品牌，那目前的"低价轮胎"代顿（Dayton）应如何处理？说到底，公司还需要多少低价的轮胎？

有关生产小型汽车和四驱越野车轮胎的争论纷扰不休，也许市场的机会在于"专家"的概念上。目前，大型轮胎公司均按"面面俱到"的原则运营，它们的方式就是生产包罗万象的产品。你想要的轮胎，我们都生产：有高性能的，有低价的，有轿车轮胎，也有卡车轮胎。但有趣的是，专家更容易赢得营销战，因为他们能够聚焦在某个产品、某个利益或某种信息上，因此他们能够成为品类的"专家"和"最佳"。

轻型卡车轮胎专家

普利司通处在一个独特的位置上，它能够向世界宣告：公司遇到的问题说明了SUV和轻型卡车需要特别设计的轮胎，而不是使用某种包括各式汽车轮胎的品牌。可以启用新品牌或沿用已定位在轻型卡车轮胎的代顿品牌。品牌的概念务必含有坚实的感觉，比如：

Dayton Destroyer.	代顿驱逐舰
The meanest,toughest	无坚不摧
Truck tire on the market.	卡车轮胎

况且，普利司通根本不用做产品计划，公司已有该类型的轮胎生产线，只需简单地将"代顿"的印记打在产品上，宣称是专门为卡车而不是轿车设计的产品即可。

我认为凡士通除了只剩下代顿这个"低价轮胎"品牌外，没有长久的未来。普利司通则有发展的潜力，应该定位为世界领先的轮胎品牌之一。公司需要研发新技术来支持这一概念。无论是新品牌，还是利用代顿品牌，都应该定位为轻型卡车轮胎专家。

换言之，公司要抛弃一个品牌，促进一个品牌，还要创建一个新品牌。

POSITIONING

第10章

米 勒 啤 酒

一个距行业老大越来越远的老二

如果美国啤酒的老大安海斯-布希公司（Anheuser-Busch）有机会自己挑选一个对手做业界老二的话，他们会毫不犹豫地选择米勒啤酒公司，因为该公司根本毫无胜算的可能。数字说明了一切。

1970年，安海斯-布希公司年产量为22 201 811桶，成为了啤酒业界的龙头老大，远高出第二位约瑟夫·施利茨（Joseph Schlitz）啤酒公司的15 129 000桶。大约在这时候，菲利普·莫里斯公司收购了米勒啤酒公司，并加强了营销力度。

当万宝路遇见米勒[⊖]

1976年5月，《福布斯》杂志对当时的情况做了如下总结：

> 1969年，菲利普·莫里斯公司从格雷斯（W.R.Grace）公司收购了米勒公司。当时的米勒公司重疾缠身，管理层老化。米勒"高品质生活"（High Life）是美国三大高档啤酒之一，与百威（Budweiser）和施利茨（Schlitz）啤酒齐名。但是，几个区域啤酒品牌在美国市场的销量比米勒"高品质生活"要高。

事后证明，菲利普·莫里斯公司对米勒公司的收购，成为了米勒作为一个品牌和啤酒酿造商崛起的关键。菲利普·莫里斯公司的总裁乔治·韦斯曼（George Weissmann）一直等到1971年年末才将烟草公司（万宝路香烟）的管理队伍开进米勒公司。大部分啤酒业

⊖ 菲利普·莫里斯公司是世界上最大的包装食品公司，最大的卷烟生产公司，世界第二大啤酒生产企业以及美国最大的食品生产公司。万宝路香烟和米勒啤酒均为其旗下品牌。——译者注

的高管和业内专家都没有料到，米勒公司会如此迅速地开展全面进攻，击败竞争对手，成为市场的领导者。

为了让米勒品牌崛起，韦斯曼的新团队做了一个谨慎的决定：沿用20世纪60年代使万宝路牛仔风靡一时的营销手段。米勒"高品质生活"虽然历史悠久，但表现不佳，其重要原因之一就是定位不精准。公司的宣传广告选了优雅的爵士乐号手艾尔·赫特（Al Hirt）做模特。1976年11月8日的《新闻周刊》报道："米勒'高品质生活'把啤酒当香槟卖，吸引了部分女士和高收入的消费者，而这些人的啤酒消费量却非常有限。大部分人都喝点啤酒，但数量都不大。"

解决方法似乎很简单，就像通过加强品牌联想把香烟卖给香烟的重度消费者一样。于是，不再被香槟人群拖后腿，米勒"高品质生活"开始主要着眼于蓝领工人、年轻人和男人。因为从消费量来看，这些人才是啤酒的主要消费群（即以普通大众为目标消费群）。广告开始展现年轻人驾驶沙漠越野车时，或油田钻探工在钻出石油后，痛快地享用清凉的啤酒。

广告虽然简单，却很有效。"现在是米勒时刻"的广告词伴随米勒"高品质生活"走过了利润丰厚的10年。1975年，米勒公司的销量达6.58亿美元，成为美国啤酒销量第四的公司。两年以后，米勒"高品质生活"取代施利茨啤酒，赢得销量第二的地位。借助菲利普·莫里斯公司带来的强大经济实力和有效的广告，米勒开始了真正属于自己的时代。

来点莱特淡啤吧

到了1980年，米勒公司成为美国第二大啤酒生产商。安海斯－布希公司仍以5000万桶的销量高居榜首，但米勒公司也以3730万桶的强劲势头紧追其后。米勒公司能拥有如此傲人的成绩，全赖米勒"高品质生活"。但另一产品对此亦有所贡献，这一产品正是米勒莱特（Miller Lite）⊖。1978年，威廉·弗拉纳根（William Flanagan）在《时尚先生》杂志上撰文，评价该传奇产品为"无论用任何方式衡量，在啤酒历史上都是最成功的。"后来，1991年，品牌和营销权威大卫·艾克（David A.Aaker）对米勒莱特（Lite）更是赞誉有加："这是广告业史上最成功的产品之一。"为何该产品会取得如此成功？有人认为是产品本身的独特品质所致，有人认为产品的推出恰逢其时，还有人归功于高效的广告作用，每个人的说法都有一定的道理。

但我认为，这是开创新品类的案例。米勒莱特成功地在全国范围开创了低卡路里啤酒（即淡啤酒）。这个品类现在占据了美国啤酒市场销量的1/3以上（其他品牌均未成功，而米勒莱特胜出了）。

第一款淡啤酒（light beer）是1964年由皮尔斯（Piels）啤酒公司推出的"特洛莫红字"（Trommer's Red Letter），该啤酒的销售对象主要为女性。但不出几周，就被挤出了市场。1967年，另外一家名为莱茵格德（Rheingold）的啤酒公司推出一款加布林格（Gablinger's），销售目标针对希望保持身材挺拔的男士。然而加布

⊖ 米勒莱特相对于当时主流啤酒，酒精度较低，属于淡啤酒。——译者注

林格也以失败告终。同年，芝加哥生产麦斯特布劳（Meister Brau）
啤酒的厂家——皮特·汉德（Peter Hand）啤酒公司采取了类似的
方式，推出了麦斯特布劳·莱特（Meister Buau Lite）。该品牌在市
场上存活了5年，但基本不成功。

1972年6月，米勒公司收购了这家芝加哥的啤酒厂，包括莱特
和其他几个品牌。对麦斯特布劳·莱特当时的市场调研，用弗拉纳
根的话说是："调研报告显示，消费者对低卡路里啤酒的兴趣远比
销售数据反映出来的大得多，甚至包括酷爱喝啤酒的老酒鬼在内。"

米勒公司的领导层决定改造莱特品牌，借鉴米勒"高品质生活"
的广告宣传，对该产品进行了重新定位和推广。当时健身开始风靡，
米勒管理层认为时机已成熟。酿酒大师们对原配方进行了改进，为
菲利普·莫里斯公司设计过香烟图案的设计师华特·兰德（Walter
Landor）也来助一臂之力。1973年，米勒莱特在美国4个城市进行
市场试销，效果奇佳，1975年1月开始全国推行，当年的广告预算
就达1200万美元（啊，成本就是这样上去的）。

男人的低卡路里啤酒

鲍勃·兰斯（Bob Lenz）是麦肯光明（McCann-Erickson）广
告公司的创意总监，他负责设计一个电视广告——要尽可能地把米
勒莱特向啤酒的最大消费群推广，还不能含有"低卡路里"、"减肥"
等负面含义。迈克尔·格什曼（Michael Gershman）在"从头再来
终将成功"（《商业周刊》，1991年3月25日刊）一文中说道："当兰

斯看到纽约巴士上足球明星马特·斯奈尔（Matt Snell）的广告时，他脑海中就浮现了把"啤酒"和"运动"结合在一起的画面。"米勒莱特的第一个广告由斯奈尔主演，于1973年7月录制，谁也没有想到该广告能在其后的20年里一直延续。这个借由市场推广成功的产品，成为了各类低卡路里食品、饮料的催化剂。

米勒莱特"口感好，不发胖"的广告一直由若干运动明星和非运动明星引领，其中包括鲍勃·犹艾克（Bob Uecker）、布巴·史密斯（Bubba Smith）、迪克·布克斯（Dick Butkus）、威尔特·钱伯莱恩（Wilt Chamberlain）、约翰·麦登（John Madden）、米克·曼特尔（Mickey Mantle）、乔弗·莱伊尔（Joe Frazier）等运动明星，以及罗德尼·丹戈菲尔德（Rodney Dangerfield）和米克·史比雷恩（Mickey Spillane）等非运动明星。广告的成功不仅因为起用了明星，还有俏皮有趣的广告词和舒适场景（首次为酒吧，后来采用多种场景）。广告结束语"您要的一切尽在米勒莱特——只是少一点肥胖"，不至于疏远那些男子汉们，或至少是"正常的男士们"，这正是广告力图要达到的效果。当安海斯—布希公司推出"天然"牌淡啤酒的时候，基本上借用了米勒莱特的广告，甚至还请了米勒莱特的前代言人。米勒莱特以更有趣的小品广告，围绕NBA篮球宿将汤米·海因索恩（Tommy Heinsohn）和裁判门迪·鲁道夫（Mendy Rudolph）之间关于"好口感，不发胖"的辩论，以此展开回击。

产品一炮而红，米勒莱特推出的第一年销售就达一亿美元，产量达到1260万桶，约占米勒公司总产量的20%。1979年，米勒莱特在主要啤酒品牌的排行榜上超越施利茨啤酒；四年之后，米勒莱特升至第二位，仅次于百威啤酒。

问题来了

米勒莱特的成功吸引了一大群竞争者，尽管米勒公司在法律方面尽了最大的努力，还是无法阻止对手们获批准采用"淡啤酒"（Light）作为他们低卡路里啤酒的品牌名。这拉开了米勒公司惨痛教训的序幕。

通用品牌名不如真正的品牌名

米勒公司采用"莱特"（Lite）作为品牌名，无疑是走在刀刃上。其名称（Lite）与淡啤酒的通用名称（Light）过于近似[⊖]，这样就成为了所有该类产品的通称，而不是某特定产品的商标。由于率先成功，莱特（Lite）在消费者心智里拥有极大的优势，但由于名称过于通用反倒成了劣势。重新命名后的米勒莱特[⊜]已低于百威淡啤（Bud Light），今后亦有可能输给酷尔斯淡啤（Coors Light）。

这一麻烦花了多年时间才在市场上消除。但在此之前，米勒公司的旗舰品牌——米勒"高品质生活"开始坍塌。

⊖　莱特Lite和淡啤Light发音一模一样。——译者注
⊜　从Lite改成Miller Lite。——译者注

"高品质生活"已成明日黄花

1977年，米勒"高品质生活"迅速成为业界老二，但一切似乎还没开始就已结束。1979年，这一上了年纪的超级品牌就已达到了高峰。1985年，产量只达到以前的一半，被淡啤酒对手抢去了第二，勉强保住了第三的地位。同年，为了力挽狂澜，米勒公司斥资60亿美元，启用新的广告代理——智威汤逊广告公司（J.Walter Thompson），发起"按美国方式办"的宣传活动。1986年马修·赫勒（Mathew Heller）在《福布斯》杂志上所做的可怕预言在后来一语成谶：米勒"高品质生活"每况愈下，濒临死亡。连智威汤逊广告公司的宣传活动也未能起死回生。

不少观察家认为米勒"高品质生活"的没落是因为米勒莱特的崛起。统计数据支持这一观点。米勒莱特的销售由1978年占美国市场份额的9.5%上升至1986年的19%。同期的米勒"高品质生活"则由21%下降至12%。如用图表显示米勒莱特的上升和米勒"高品质生活"的下降，正好形成一个完整的X线。这则是另一例惨痛的教训。

在心智中，一个品牌只有一个概念

我们称此为"鱼与飞禽"的问题。有一幅著名的画像，画上是鱼和飞禽，这幅画的精妙之处在于人们不能同时看到鱼和飞禽，要么看到鱼，要么看到飞禽。人的心智也是如此，他们看人的观点只有一个。亨氏原来在人们的心智中是腌制酱菜类产品，后来改成番茄酱。今天该公司成为主要的番茄酱品牌，而腌制酱菜品牌的认知则在迅速流失。这就是一个品牌只有一个概念的意思。

米勒不可能在消费者心智中同时占据普通啤酒和淡啤酒的概念。它很快成为了"口感好，不发胖"的淡啤酒品牌，对于米勒"高品质生活"是道别和祝其幸运的时候了。瓶装啤酒的香槟泡泡纷纷破灭。

1991年3月25日的《广告周刊》给米勒"高品质生活"和其他几个著名但日薄西山的品牌授予了一个不甚受欢迎的称号——"恐龙品牌"。这位主编写道："这些品牌像古老的雷龙和三角龙一样，在达尔文的进化过程中被淘汰，它们太过成熟，因此也无法再成长和与时俱进了。"（但他忽略了米勒"高品质生活"是被自己的家族成员吞噬掉的。）人们可能会想这些经验足以让米勒公司不会重蹈覆辙。但在前面讨论过的施乐案例说明，营销人员从不放弃。更多的米勒品牌走上了老路。

米勒的孩子们

米勒纯生（Miller Genuine Draft）采用日本札幌啤酒厂首创的低温过滤方式酿制，于1985年在市场上推出。1986年在美国各地销售。此后，该品牌成为美国增长最快的啤酒。用《财富》杂志帕特丽夏·塞勒（Patricia Sellers）的话来说："自1981年百威淡啤推出之后，纯生啤酒是业内最成功的新产品。"截至1992年年底，该产品成为美国最畅销的第六大国内啤酒。产品主要吸引"年轻、高收入的消费者",这一群消费者是不为"好口感"的米勒莱特广告所动,同时又是米勒"高品质生活"在20世纪80年代丢失的。

推出纯生啤酒和其同类产品(1990年推出的米勒典藏和米勒典藏淡啤),只是进行历史的重复。1991年,米勒莱特首次出现销售下滑。以前莱特对米勒"高品质生活"的冲击,现在轮到米勒纯生给莱特造成冲击,因果循环。

吸取教训了吗?完全没有。

透明啤酒?

米勒公司没有停下脚步,回到根本自我反省,反而开始更加稀奇古怪的冒险。1993年年初,米勒公司开始在市场上进行米勒透明啤酒(Miller Clear)的试销。你没听错,是啤酒却没了琥珀的颜色。他们将传统啤酒"经过特殊过滤设备,滤出口味特别且无色的啤酒"。看起来就像一杯白水,或像他们原来洗大桶的水,天晓得那是什么东东?

那是一次惨败。任何看起来不像啤酒的啤酒,口味就不可能好到哪里(第一款透明可乐——百事水晶的结局也是如此)。纽约必玛克公司(Bevmark Inc.)总裁、饮料业的咨询师汤姆·皮尔科(Tom Pirko)说:"透明啤酒的概念毫无意义,对消费者而言,透明的产品必须是,纯粹、天然或更有情调。除此之外,透明完全没有必要。"

皮尔科补充道,作为流行趋势,透明是一个大胆的概念,但流行来得快，去得也快。

这一愚蠢的想法耗资上百万美元，最终还是停了。吸取教训了吗？根本没有。

就叫"米勒"

米勒公司的小伙子们还有在市场投放的终极大目标。1996年年初，他们推出希望成为公司高端品牌的旗舰产品，他们称，这是米勒公司的"百威"。在公司之前的高端旗舰产品——米勒"高品质生活"已按一般价格出售之后，米勒公司的确需要一个高端产品。

所以他们推出了米勒啤酒（Miller Beer）。把该啤酒如此简单地命名为"米勒"，他们的理由是："我们起的名字就是我们自己。"话虽不错，但米勒品牌存世已久，况且已用米勒的名字推出了多款啤酒，很多消费者都不知道米勒啤酒是新产品。

尽管促销广告活动花费5000万美元，还从红狗（Red Dog）啤酒（米勒公司旗下的一个品牌）和米勒纯生分流资金，但米勒啤酒始终没有起色。广告代理公司换了一个又一个，个个都带来五花八门的创意，有诉求口味概念的，有乱糟糟的滑稽概念的，还有X时代⊖的口号，如："不是我的品牌，但它很棒。"

这些无助于任何啤酒销售，但却说明了问题。不是任何人的品牌，也就不属于任何人。

⊖ X时代：第二次世界大战后婴儿潮中的一代人，尤指从20世纪60年代初至70年代末出生于美国和加拿大的人。——译者注

从挑战者成了跟随者

在20年中，公司连绵不绝地推出米勒这个啤、米勒那个啤或者就是米勒啤酒，品牌没有任何进步。一度公司曾是仅以1200万桶稍逊于安海斯－布希公司的第二名，如今虽然第二名地位依旧，但差距已在4500万桶上下。品牌多而销售少，产品之间多有重叠。

销售和股价继续下滑，管理层不断更替，广告代理也在频频更换，然而，没有人能够挽救颓势。这里发生的一切又给了我们一个重要教训。

一个包罗万象的品牌不可能成为专家品牌

1978年开创了传统的比尔森（pilsner）啤酒系列。系列中每一个品牌都遭受品牌延伸之苦。如果你要瓶米勒啤酒，接下来的问题会是"哪种米勒啤酒？"你要的是米勒莱特——米勒莱特冰啤、米勒纯生、米勒纯生淡啤、米勒"高品质生活"、米勒"高品质生活"淡啤还是米勒"高品质生活"冰啤？

算了，给我来瓶百威。

公司还拥有杰卡·雷纳库格（Jacob Leinenkugel）啤酒公司。它也有同样的麻烦——你先要确定所要的啤酒是：雷纳库格原味特级啤酒、雷纳库格淡啤、雷纳库格北牧啤酒、雷纳库格纯博可啤酒（季节性啤酒）、雷纳库格红啤酒、雷纳库格蜜味啤酒、雷纳库格果味啤酒（季节性啤酒）、雷纳库格小麦啤酒，还是雷纳库格奶油黑啤？

拉倒吧，给我来瓶百威。

问题继续深化，因为他们又收购了亨利·温哈德（Henry Weinhard）啤酒公司。该公司的品牌有：私家典藏啤酒、黑啤、波特啤酒、琥珀黄啤、淡爱尔啤酒、哈斯乃黑啤、黑浆小麦酒、小麦啤酒和红啤酒。

饶了我吧，给我来瓶百威。

公司还拥有：红狗啤酒、冰室啤酒、左撇子淡啤、传统英国800麦芽酒、传统英国800冰酒和传统英国800混合果酒。

妈妈呀，我要回家！

广告代理无法清晰界定如何给这么多的品牌做广告，批发商怨声载道，菲利普·莫里斯公司则想把这些业务卖掉。这就像要介绍一个具有多种性格的人。你要选择哪一种性格进行说明？这是个不可能完成的任务。

回到品牌延伸的老问题上来

问题的核心依然是我们的宿敌——品牌延伸，它带来的问题最多。让我们重温有关对它的论述。

在《定位》（*Positioning：The Battle for Your Mind*）[⊖]一书中，有两章论及品牌延伸问题。

在《22条商规》（*The 22 Immutable Laws of Marketing*）里，品

⊖　此书中文版已由机械工业出版社出版。

牌延伸成为违反最多的规则。

在《新定位》（*The New Positioning*）中，我把它称为"认知问题"：

> 对这个问题的不同看法实际上是认知问题。公司是从经济方面的观点看待自己的品牌。为了获得成本效益和（短期的）市场接受，公司乐于将高度聚焦——已经代表了一种产品或一个概念的品牌，延伸至可代表两三种或更多产品及概念、焦点涣散的品牌。赋予品牌的概念越多，消费者的心智就越容易失去聚焦点。久而久之，像雪佛兰这样的品牌最后就变得一无是处。

"品牌延伸"依然泛滥

我的不同意见并未能阻止任何人。事实上，现实恰恰相反，每当营销专家和咨询顾问谈到"超级大品牌"的概念时，"延伸品牌资产"是最流行的观点。

在许多年里，只有我们孤独地发出反对品牌延伸的声音。甚至《消费者市场营销》杂志也发现了这一点："里斯和特劳特是唯一反对品牌延伸的批评家。"

即使《哈佛商业评论》提出支持的观点也未能使品牌延伸的快车放慢速度。他们的结论非常严厉："不假思索的品牌延伸会弱化品牌形象，扰乱交易关系，增加隐藏成本。"

在啤酒行业，这种损害是无形的。米勒公司拥有各种各样的"米勒XX"，却损毁了"米勒"的真正意义。百威的各类"百威"啤酒过多，百威淡啤正在侵蚀百威普通啤酒的市场。酷尔斯淡啤已经严重影响酷尔斯普通啤酒。

啤酒公司还不明白这几年的啤酒业务为何停滞不前。品牌过于混乱，造成的结果就是："算了吧，给我来瓶水。"

POSITIONING

第11章

玛 莎 百 货

"由上至下"理念的失败案例

玛莎百货（Marks & Spencer）是英国著名的服装零售商，但该公司已经从服装零售业界的龙头宝座滑落了。他们的问题在于对变化视而不见，这可是致命的错误。

1993年，我和前搭档阿尔·里斯合著的《22条商规》中，写到了关于变化的问题。在书中我们介绍过"细分法则"，该法则是指：随着时间的推移，一个产品的品类会自然地细分为两个或更多的品类。就像阿米巴变形虫在皮氏培养皿中不断分裂一样，市场营销竞技场容纳着一个不断扩张的产品海洋。我们必须时刻了解发生的变化。

品类刚开始以单一实体出现，比如电脑。但随着时间推移，电脑品类分成几个细分市场：大型机、迷你电脑、工作站、个人电脑、手提电脑、电子笔记本及笔输入电脑。

啤酒也是如此。今天我们有进口啤酒和国产啤酒，有高档和普通价位的啤酒，有淡啤、生啤、冰啤和干啤（正如我们前面提到的那样，清爽啤酒没能成为一个品类，非酒精饮料倒成了一个品类）。

问题的起源

每一个细分市场都是独立且独特的实体。在每个细分市场都有各自的领导者，且通常不会跟原始品类的领导者重合。IBM是大型电脑的领导者，Sun公司是工作站的领袖，个人电脑则由康柏领头。

很多大公司的领导并不理解细分的概念，依然本着天真的想法，认为他们在起始品类中是老大，在新生的细分市场里也就自然成了老大。他们想把一个品类中的著名品牌，原封不动地放在另一个新的品类上。

另一个问题是，很多公司领导者非但不理解细分的概念，反而坚信品类在进一步融合。协同、公司联盟、集中等是全球会议室里的流行词。美国在线（AOL）与时代华纳（Time Warner）的合并就是基于汇集不同形式媒体的概念（电脑、电视和出版物）。祝他们走运，但这样的事不会发生。品类是在不断细分，而非融合。领导者要维护其领导的地位，必须在新兴的品类中使用不同的品牌名称，正如通用汽车当年的做法一样。

在零售业内也一样，雨后春笋般出现了许多专业零售店、折扣店和多得叫不出名字的商店。英国著名零售店玛莎百货的悲剧，向我们讲述了没能理解细分法则的结果。

悠久的遗产

迈克尔·马克斯（Michael Marks）是位俄罗斯难民，他在英国利兹市的柯克盖特（Kirkgate）市场，租了一间露天商铺。其后找了在批发公司做出纳的汤姆·思班塞（Tom Spencer）合伙。紧接着，公司走了几步大胆的棋。1920年，他们收购了一些制造公司。1931年，引进了食品部。1973年，在巴黎和布鲁塞尔开店。1986年，开始销售家具。1988年，进军美国，收购了布克兄弟公司（Brooks Brothers）和金斯（Kings）超市。接着，在远东地区开设新店。玛莎外表风光依旧，但在所有的表现和报道的背后却是一个身陷困境的公司。玛莎的核心业务开始恶化。

麻烦浮出水面

1998年，玛莎百货的收益剧烈下滑。问题最大的是玛莎在英国的零售业务，但其他海外业务也日渐衰落，向国际市场大幅扩张的战略版图变得支离破碎。

突然，董事会开战了，长期担任CEO的理查德·格林柏里（Richard Greenbury）成了众矢之的。显然，这是个在市场细分时忽略变化的典型案例。

1999年，公司继续亏损。格林柏里退休，CEO由从公司经理成长起来的彼得·沙氏柏利（Peter Salsbury）担任。然而股价依然直线下跌，情况未有好转，沙氏柏利也面临着巨大的压力。

无视变化

20世纪90年代期间，英国零售业掀起了一场革命，尤其表现在日益增加的客户服务，以及竞争的种类和强度方面。1988年担任玛莎百货CEO的理查德·格林柏里对发生在眼前的变化毫无察觉。他从公司的底层做起，一步步升到管理高层，在1991年还担任过董事会主席。格林柏里对玛莎百货的战略核心为成本控制，将雇员数量减到最少（"关注自我"战略）。

但到了20世纪90年代中期，消费者的期待值越来越高，对此，其他商店立即回应，提供更高、更有创意的服务。唯有玛莎百货，售货人员太少，服务差，顾客不满意。1998年3月，玛莎百货的内部文件显示：只有62%的顾客认为玛莎百货的服务达到"良好"，而1995年11月的数字是71%。此外，认为玛莎百货"物有所值"的顾客从1995年的69%降至1998年3月的57%。然而，由于格林柏里被认为是个难缠和不好接近的人，许多问题都在到达他那里时被屏蔽掉了。他曾频繁到访各个玛莎百货店，然而，当他每次访问前，各店都会额外增加人手，造成服务优良的假象。而他则称从未收到顾客调查的结果。

手下的人不会主动报忧

生存是人的本性。所有做Powerpoint演示报告的精明的管理层都清楚，最好不要告诉CEO公司有麻烦。他们都知道，当听到坏消息，CEO会立即找出问题的责任人（"摘乌纱帽"反应）。做演示的人可能多少都会有些牵连，就等于引火上身。最好还是将问题隐瞒不报，或用些好消息来加以掩饰。

想想朗讯科技（Lucent Technologies）的财务官帕特里夏·拉索（Patricia Russo），她告诉CEO里奇·麦金（Rich McGinn），麦金向华尔街提供的数字错误。很快，她就遭解雇了。当然，她离开没多久，事实证明她是对的，这下轮到麦金被解雇了。这类故事大多没有正义战胜邪恶的完美结局。很多时候，人们想的是保住职位，而不是说出真相。

优秀的领导者必须亲自了解真实的情况，不能待在办公室内与世隔绝。格林柏里对市场发生的剧烈变化一无所知，他的官僚作风让手下的经理很难与他沟通。

山姆·沃尔顿开着皮卡货车到沃尔玛的卸货口和工人们聊天，以了解实际情况。

杰克·韦尔奇在通用电气的培训中心，花费大量时间与积极进取的经理们讨论他宏远的蓝图，他还鼓励大家对通用电气的状况畅所欲言。

要防范官僚作风，否则下属是不会对你说实话的。

问题多多

再回到玛莎百货，公司要面对许许多多的坏消息。年轻的一代正转向其他商店购买让他们更兴奋的品牌。过去，三四十岁的顾客习惯穿得跟他们父母一样。但现在他们更希望和他们的孩子打扮得一样。已经很久没有看到年轻人愿意到玛莎商店购买服装了。

其中的原因之一就是商店的布展如同旧时代的缩影，与对手盖普（GAP）和尼克斯特（Next）商店活泼明快的布置一比，感觉更为强烈。1998年的错误决策更是拉大了这种差距：满目均是大片的灰黑色服装，使店面设计愈加老旧。

在玛莎百货衰退的背后存在两项基本错误。首先是公司因为多年成功的历史，形成了由上至下的文化："总部最清楚一切。"如果是在顾客依然蜂拥而来、竞争对手依然落后的时代，这种方式还能适用。它还导致了一些过时的规定，让雇员花太多的时间去查库存、数现金，因为公司历来如此。

更糟的是，玛莎公司的管理层完全从内部提拔，几乎没有来自外部的管理人员。所以不难明白，为什么在一个不断变化的世界里，玛莎百货却从未变化。

优秀的管理方法应"由下至上"

玛莎百货的问题在于采用传统的由上至下的管理体系。多年来，管理高层一直被"我们想要做什么"的问题误导，由此产生的麻烦数不胜数。除了为公司详尽地制定那些5年、10年的纲要外，企业的长远规划是什么？

- 由上至下制定计划的经理努力强制事情发生；而由下至上制定计划的经理努力发现寻找机会，顺势而为。
- 由上至下的经理追逐现有的市场；由下至上的经理着眼于新的市场机会。
- 由上至下的经理是内部导向型；由下至上的经理则是外部导向型。
- 由上至下的经理相信长期效益，短期亏损；而由下至上的经理则相信长短期效益相结合。

在《营销革命》（*Bottom-Up Marketing*）⊖一书中，我们对此

⊖　本书中文版已由机械工业出版社出版。

有大量的评述。下面将简单论述由下至上的关键步骤。这些步骤，玛莎百货一样也没执行过。

深入前线

要知道如何行动，就必须离开象牙塔，下基层，上前线，走进营销的战场。不要把深入前线与"派"人到前线混为一谈。大多数公司一直有许多委派工作，有个人的委派，比如派人到销售队伍里索要报告；也有非个人的委派，比如委托市场调研公司进行调查。

只要你深知市场营销是对未来的博弈，那么派人做市场调研不是错事。绝大多数市场调研是对过去事实的报告。报告中告诉你消费者已采取的行动，但不一定代表他们将来的行为（市场调研公司也不知道消费者将要做什么，所以别用这个问题把他们问糊涂了）。

派人到前线也没有错，但直接获得第一手资料最好。很多经理自信在办公室里就能够运筹帷幄。小说家约翰·勒卡雷（John le Carré）说："办公桌，是我们观察世界的危险地带。"

前线在哪里

营销之战的前线不是你认为的那些地方。

不在百货公司，不在杂货商店或客户的办公室。前线在消费者的心智当中。深入前线意味着将自己置身在能发现消费者和潜在顾客真实想法的位置（要成为一个好渔夫，必须学会像鱼一样思考）。

在电影《飞越未来》（*Big*）中，汤姆·汉克斯（Tom Hanks）饰演的是一位拥有成人的身体，但心智只有13岁的男孩。自然，一位玩具公司的CEO毫不犹豫地任命他为副总裁。

前线可能就在你自己的家里，观察夫妻间决定购买或不购买某一品牌的产品。询问他为何要买某个牌子的牙膏或洗头液。不要将提问仅限于自己的产品品类。优秀的市场营销人员对战场的嗅觉分外灵敏，不会只考虑自己的那一亩三分地。

如果不去考察各类不同的营销战场，你会以为，世界上每个人都在花时间费尽心思地评估你所在的产品品类上的各个品牌。

CEO容易脱离前线

公司越大，CEO就越有可能与前线失去联系。这恐怕就是限制大公司发展的唯一重要因素。因为时间都花在管理公司庞大的组织上，CEO往往将市场营销工作托付他人。

CEO应该如何管理？英特尔公司的安迪·格鲁夫（Andrew S.Grove）说得最为贴切："高层和中层管理往往趋于图表化或表面化。他可以炮制出一流的全球战略，执行力却为零。只有熟悉每一个细节——执行人的能力、战场、时机，一个好的战略才能酝酿而生。"

格鲁夫对自己的方式做了归纳："我喜欢从细节做起，逐渐拓展成一派宏图。"

这就是由下至上营销方式的实质。

CEO的毛病

如果你是CEO，你在发展战略时占有极大的优势：你可以批准计划，然后贯彻执行。然而，CEO往往是最脱离前线的人（讨好顾客你成不了CEO，你得讨好前任CEO方能如愿。而前任CEO往往比你更不了解前线）。

另外的问题是高层到基层之间的管理层级。层级越多，你离市场就越远。很多公司高层与基层的关系如同生日蛋糕：表面盖满了厚厚的白霜，而底部却已稀烂如泥。层与层之间形成了滤网，将坏消息滤掉，只剩下好信息。一旦情势转坏，CEO通常是最后一个知道的人。

要从心理上接近前线，高管需要减少中间的层级。一份对60个公司进行的调查报告中显示：表现优异的公司平均不到四个管理层级，而表现不良的公司则约有八层。大公司的管理层让CEO很难深入前线。前线的人员把CEO对一线的视察搞成"豪华大巡游"。所有事情都打理得干干净净，琴瑟和谐，一片大好。到访成了精神建设巡游，而不是收集信息的探险之旅。导游说："让阳光照进每一条战壕。"

对趋势的监测

为了让战略与未来合拍，就必须知道在你产品品类里发生的趋势变化。如果趋势变化很快，那它只是一时的流行罢了。

如果你开始监测趋势发展，切记，很多所谓"趋势"是人为制造的，只为了多卖报纸和杂志，不会促进你的产品销售。但依然有营销人员相信假象而否定现实。一位管理大师这样说："消费市场继续发生深刻和不可逆转的变化，所以我们的态度也需要转变——从管理业务转向管理变化。"

变化在何处？这个无纸、无现金和无支票的社会会发生什么？

第三次浪潮，大趋势，第二次工业革命，每个人都在家里工作，用电脑或可视电话终端办公的信息化社会将会发生些什么？

说真的，可视电话怎么样了？

你还没弄架直升机？那个即将取代汽车、淘汰高速公路的神奇机器在哪里？

你收到30年前就承诺的每天用电视给你发送的电子报了吗？

现实总追不上虚构，未来总在下一个山坡的背后。

不能预测对手

基于"知道"敌方的下一步行动而做出军事计划，实际等于该将军在预测敌人的活动。这也是另一种预测未来的形式。但结果，他们都成了败军之将。常胜将军制定军事计划时，无论敌军采取什么行动，该计划都切实可行。这也是优秀战略的实质。

如果你仅预测对手的下一步行动，无疑是像买彩票碰运气，使公司岌岌可危。在拉斯维加斯、大西洋赌城或华尔街，赌博也许没错，但如果是在营销中赌博，情况就不妙了。

调研的作用

制定有效的营销计划所需的大部分数字都可以在当地图书馆、政府或行业出版物中获取。通过市场调查可以知道，人们以前是怎么做的。

当你试图运用调查手段去了解人们今后要做的事情，你就遇到麻烦了。人们通常采用认为最能够被社会接受的方式回答问题。这一点在焦点小组访谈时尤为明显，因为其他人正通过背后的单面镜窥视他们。

关键是想办法让受访者说出藏在深处的想法。谁愿意承认他们常吃快餐，而没吃健康食品？有几个经理会承认他们讨厌写信或认为个人电脑给他们带来了威胁？谁会承认他们常煲电话粥？

寻找概念

你应该追寻的是具有差异化的概念。最佳的差异化概念应该能在消费者心智里击中竞争对手的软肋。

你深入前线和监测发展趋势的时间有限，迟早，你必须选择一个具有差异化的概念，将之发展成为战略。实际上，在此过程中你会不断思考，反复权衡：选择和运用某种概念，得出合乎逻辑的结论。然后将此暂放一边，使用另一概念进行新的思考。

下面有一些原则须牢记。

概念不应以公司为导向

由上至下的营销最糟的地方是选用公司内部需要的概念。

施乐收购了一家电脑公司（科学数据系统公司），因为能符合其战略计划，向顾客提供办公自动化设备。这是个价值10亿美元的错误——市面上可供顾客选择的电脑公司已经够多了。

新产品十有八九是用来补充公司的产品线，而不是补充市场的需求。这或许就是90%的新产品都宣告失败的原因。

公司关注的焦点完全错误。这种行动可能在公司内部得些分，但在外部却会造成灾难性的后果。

该概念应以竞争为导向

多年以前，达美航空（Delta）决定向公司多次飞行俱乐部会员和新会员提供"三倍里程"的奖励。这想法似乎不错，肯定能为达美航空吸引大批新业务。结果也的确如此，但新计划也引起了美国航空（American）、美联航空（United）、泛美航空（Pan Am）、环球航空（TWA）和东方航空（Eastern）的关注。随后，达美航空所有的竞争者全都效仿，提供同样的奖励。除了多次飞行的乘客获益外，航空公司都一无所获。

当汉堡王发起了"要烤不要炸"的运动时，麦当劳可没法扔掉餐馆里的油炸设备。这样的做法代价过于高昂。

"三倍里程"不是竞争导向战略，因为它可以迅速被效仿。速度也是需要考量的重要因素。如果竞争对手不能很快地模仿你的概

念，你就拥有占据消费者心智的时间。大多数飞行乘客并不知道
"三倍里程"是达美航空的创意。达美航空还没来得及建立起这个
概念的时候，其他竞争者已蜂拥而至。

"要烤不要炸"是竞争导向的好战术，因为对手很难迅速效仿，
就算效仿，投入也过高。

米其林使用子午轮胎进攻美国市场，使固特异和凡士通轮胎公
司多年处于守势。即使美国轮胎制造业愿意投资建立子午轮胎生产
线，仍然需要若干年才能使生产线运转。

唯一值得考虑的战略就是将利刃刺入竞争对手的行动。向顾客
提供优惠，鼓励他们多购买，其实也在鼓励竞争对手这么做。大部
分的营销计划多为优惠券、返点、店内促销等。方法不灵，白白浪
费金钱；方法奏效，没等你来得及笑，竞争对手已蜂拥而至，大量
复制。

单靠取悦消费者不能赢得胜利。不要老想着促销。让顾客最满
意的是直接把你的产品免费派送。另外，能让更多竞争对手难过的
战略一定对你的业务有利。

前途未卜？

去年，玛莎百货的负责人换了新面孔，企图让公司起死回生。
他就是卢克·范德维德（Luc Vandevelde）（没错，他不是英国人，
而是比利时人），他希望能使玛莎百货成为全球零售业的巨人，而
且信心满满。

在网络上，他想围绕集团产品创建一个玛莎品牌社区：凡在玛莎百货购买一套狩猎外套，可享受玛莎提供的假日预订服务。

在网络外，他想将品牌延伸到金融服务，提供旅行保险。还有传言说他打算把供应链管理进行授权许可经营。

然而，他最希望的是做国际交易，而不是散落各处的几家商店。但警铃已经拉响，以下是《经济学人》2000年10月28日对上述宏伟计划的评论：

> 他对于玛莎百货的计划反映出其令人困惑的雄心。玛莎百货需要国际扩张吗？过去的两年中公司里充斥着混乱，包括利润下降、董事会内斗、解雇员工和被收购的传言。一年前被指派的沙氏柏利也着手进行了一些改变：包括给予商店员工更多的进货控制权，商店装饰有了新意，不再重点推销圣迈克（St. Michael）品牌，推出新设计师的服装。这些一切都是试图把玛莎百货从推销公司认为顾客喜欢的产品，转变为以顾客实际购买行为为导向。

玛莎百货现在需要时间，看看自己的新变化是否能招徕顾客。公司的主要任务是重建在英国中心地带散落的特许经营店。即使范德维德先生认为玛莎百货的问题会解决，现在也不是收购的好时机。范德维德先生最美好的愿望是管理一间国际性零售商店，但玛莎百货可能不是他实现抱负的适当载体。

《经济学人》的观点是正确的，这也引出玛莎百货应该注意的另一个严重的教训。

变化过多则危矣

对于一个历史悠久，又有忠心追随者的品牌，操之过急会带来极大的风险。可口可乐想向新可乐转变就是很典型的例子。可乐忠实的顾客大为恼怒，不出几个星期，传统可口可乐回归，新可乐退出市场。

范德维德先生已开始玛莎百货的广告宣传，他们调整服装大小，以更好地适应现代人的体型。他们推出新面貌的"概念"店，变换店内布局，增加配套展示，强调生活品位。

改变形象既困难又危险。部分顾客喜欢，部分顾客感到混乱。而失去的信任是很难再拾回的。一旦放弃了原有的身份，你就有"什么都不是"的危险。变化过于剧烈，等于向忠实的顾客宣告：他们在不怎么样的店里购物。顾客感到了背叛和陌生。结果就是：人家上别的商店了。

玛莎百货目前仍然是英国最大的零售服装店，但其服装市场份额已从1997年的16%下降至不足14%。曾几何时，公司号称可以为所有顾客提供服装，而现在只说牢牢地聚焦在中端市场。但是，这个市场也不再统一，开始细分了。中端市场的客户已有一些基本需求，例如各式各样的衬衫，从园艺时穿的到晚间外出穿的。他们所面临的挑战就是：以最优惠且不影响质量的价格满足不同细分市场的需求。但他们能否以单品牌，而非多品牌来做到这一点？（切记，每一个细分市场都有各自的领导者。）

这里没有简单的回答可寻。玛莎百货的部分业务已被其他零售商抢走，只要别人不犯错，他们就无法收复失地。目前，激战正酣，尼克斯特、盖普、托普（Top Shop）还有食品行业的对手乐购（Tesco），谁都没有表现出衰弱的迹象。玛莎百货还要解决过度扩张和效益不高的商店，还有精神不振的员工、失望的顾客以及下降的品牌忠诚度。

　　我的猜测是：公司的未来依然艰难。

POSITIONING

第12章

悬而未决的麻烦

未能解决问题的品牌

有时候，品牌遇到的麻烦不大，但却迫在眉睫。公司必须做出艰难抉择从而为将来铺平道路。这些公司都必须更深刻地认识到，它们的品牌迫切需要解决的问题是什么。然而，缺乏这种认识通常是大部分公司战略失策的根源。症结在于：对威胁品牌长期健康发展的问题没有清晰的认识。通用汽车至今仍未意识到，将自己的产品从外观和价格同质化已经对公司的五个品牌造成了严重损害。米勒公司至今未能看到产品延伸是问题的核心。据我所知，AT&T也从未认为展示和突显自己公司的产品，比那些模仿自己的产品在技术上的先进有多重要。

下列品牌也需要清醒地认识到影响品牌长期发展的问题。

家乐氏：通用名称的缺陷

说家乐氏（Kellogg's）玉米片是美国最早的健康食品之一绝非夸大。1898年，家乐氏兄弟通过机械滚压烘烤玉米，开发出食用谷物片产品。自从W.K.凯洛格（W.K.Kellogg）⊖将这一家庭健康食品改造成大规模生产的早餐食品后，玉米片的制作配方一直保持不变。

在20世纪的前50年中，玉米片一直是美国最畅销的谷物食品。从20世纪60年代起，家乐氏公司拥有40%的市场份额。公司在玉米片市场上加入了冻麦片、卜卜米、葡萄干麦麸、香果圈、special K

⊖　W.K.凯洛格：家乐氏公司的创始人。——译者注

香脆麦米片[⊖]，以及其他几个小品牌。然而，家乐氏在市场上的领导地位却在逐渐下滑。

皇冠落地

20世纪90年代末，家乐氏公司将谷物食品领域的王位输给了对手通用磨坊。公司的谷物类产品销量下降，奇乐（Cheerios）[⊖]成为了全美最受欢迎的谷物食品。这给位于密歇根的家乐氏公司总部敲响了警钟。我们听到了遭遇麻烦的惯用解决方式：家乐氏宣布公司重组，对核心业务外的产品进行投资，并以42亿美元收购奇宝食品公司（Keebler Foods Company）[⊜]。

华尔街的确是一个问题（在第15章中还有更多论述），但我认为CEO兼总裁卡洛斯·古铁雷斯（Carlos Gutierrez）根本没有看清家乐氏将要遇到的潜在麻烦。

通用名称产生的问题

家乐氏面临着与"米勒莱特"类似的问题，但却严峻得多：玉米片、卜卜米、葡萄干麦麸都成为了通用名称。家乐氏的管理层还未意识到的教训是：通用名称永远比不上独创性的真正名称（real names）。他们的主要竞争对手都有品牌名："奇乐"和"小麦干"（Wheaties）。同样，家乐氏最成功的品牌也具有品牌名："冻麦片"

⊖ 家乐氏公司为体育运动员设计的一种食品。——译者注
⊖ 奇乐：美国通用磨坊旗下的麦圈品牌。——译者注
⊜ 奇宝食品公司：美国第二大甜饼及饼干制造商。——译者注

（家乐氏的东尼虎（Tony the Tiger）也算一个）。家乐氏似乎也意识到这个问题，他们在包装上"玉米片"的字样下，加上了"原创、最佳"。这是个好的开始，但为什么家乐氏的玉米片是"最佳"？

该计划的缺失在于未能向潜在消费者说明，与其他价格低廉的同类品牌相比，家乐氏更胜一筹的原因。"每天早餐的最佳食物"需要佐证。如果做不到这一点，就等于让奇乐和其他低价的同类品牌赢得了战争。这也是家乐氏的一位营销经理在处理南美洲业务时面对的问题。南美地区收入较低，当地玉米片品牌众多。在和这位经理的合作中，我意识到，他完全可以为家乐氏品牌建立区隔。

真正谷物和加工谷物之争

这位经理制作了一个录像带，演示了如何把原本毫无意义的"家乐氏"变得意义非凡。这是我所看到过的关于战略的最好演示。在"真正谷物"的主题下，演示中表现了下列战略点。正如对汉堡王的分析一样：演示采用结构简单、逐步深入的战略，举重若轻地提出了解决方法。

真正谷物

- 家乐氏品牌基本上只代表谷物类产品。很多消费者甚至并不知道，该公司还生产"冻麦片"。
- 家乐氏于1906年采用专用生产方式，用玉米粒混合维生素，发明了健康的谷物产品。

- 家乐氏是高级谷物产品的原创者和领导者。这些产品的成功
  吸引了大批跟风、人工的低价产品，它们都不及家乐氏来的
  天然，营养也不及家乐氏的丰富。

- 很多这类产品瞄准儿童。卖点依靠口味、趣味和促销活动。
  市场成了卡通人物的混战。

- 家乐氏也进入了卡通和人工食品市场。公司的产品价格较高，
  人们批评含糖、人工色素过量和口味过度厚重。当地小品牌
  开始占有市场份额。家乐氏产品在全球28个市场上有20个市
  场的份额减少。家乐氏品牌失去了市场领先地位。

- 家乐氏唯一可行的战略，就是利用对手对谷物加工的事实
  ——即把谷物碾碎，再喷压成形这一过程，重新定位竞争者。
  他们应该效仿野猪头品牌（Boar's Head），这家企业采用"真
  正火鸡"的战略，打败了"碾碎加工火鸡"的对手们（他们
  以此为主题制作并投放了电视广告）。

- 家乐氏选用全谷物，使用特殊和昂贵的磨压机械，需要8小时
  方能完成生产程序，而其他品牌仅需要8分钟。较之其他低价
  的碾碎喷压产品，家乐氏的产品营养更丰富。家乐氏的玉米
  片是纯正的谷物食品。其他谷物片（包括奇乐）均为加工产
  品。因此，家乐氏的其他加工产品（如香果圈）将有损公司
  的品牌声誉。这一点人们不会忽略。

这个战略如果执行的话，将会生动地告诉消费者这个不为人知
的故事：家乐氏为什么的确是人们每日清晨的"最佳早餐"。

未　来？

　　该录像演示制作时间是1996年。该战略的一部分在南美市场实施并获得一些成功，但美国管理团队则根本未动。他们将力量和资金放在其他独立的品牌，而没有放在家乐氏品牌上。据此，我认为公司没有深刻认清或理解通用名称品牌问题的严重性，这一问题正缓慢地蚕食着公司的市场份额。

　　还有从奇宝食品公司里冒出来的各类小妖，公司高层该如何进行兼并工作？他们可以管理得更好吗？这会不会占用公司的大量精力和资源？《德莱尼报告》（*Delaney Report*）是广告业的简报，该报2000年11月20日刊登了对新CEO古铁雷斯（Gutierrez）的报道：

> 　　古铁雷斯成长在家乐氏公司，他从未从任何外部的角度来思考这个问题：如何运用不同的方式进行管理。出于本能，他仍然会延续公司按部就班和保守的方法。战术居多，且多数时候不具有战略意义。

　　看来美国第二大谷物片公司还要过一段阴暗的日子。

沃尔沃：走错了路

　　1956年，沃尔沃（Volvo）汽车进入美国市场时，消费者不怎么买账。当时进入美国的沃尔沃汽车看上去仿佛是20世纪40年代生产的老古董。为了雪耻，公司将战略确定为发展耐用型汽车。概念为：沃尔沃是为应付斯堪的纳维亚（Scandinavian）的恶劣气候和路况而制造的汽车。

线条粗犷的沃尔沃汽车比时尚的美国车更经久耐用。由于使用周期长，因此价格就显得更合理（沃尔沃早期的一个车型——1965年的沃尔沃PIZZS款曾达到40万英里的里程数）。沃尔沃在美国逐渐发展起来。

从粗犷到安全

沃尔沃汽车外形的粗犷逐渐演变成驾驶安全的概念。其实，远在公司未宣布之前，沃尔沃144款和豪华型164款在20世纪70年代就达到了美国所有的安全标准。沃尔沃装置了前座安全带、四轮驱动、盘式制动器、操纵杆和前端减冲器。1976年，美国高速公路安全机构使用沃尔沃240款作为美国汽车安全的基准。

1982年，沃尔沃开发了760款，是700系列中的第一款新产品，日后成为20世纪80年代最受雅皮士喜爱的家庭用车。到了1985年，沃尔沃成为了最畅销的欧洲进口车。

"熊掌"的错误

一切顺风顺水，直到1990年沃尔沃公司拍了一条日后臭名昭著的广告。广告中，一辆名为"熊掌"（Bear Foot）、重达1万磅的巨型卡车从沃尔沃汽车的车顶碾过，却没有造成任何明显的损伤。该广告源于真实的事件，但在拍广告时，车顶用木条和钢框加固，对此，得克萨斯律师总会对沃尔沃公司提出了广告误导和欺骗的指控。

由此引发的论战让纽约广告代理商斯卡利·麦长基·史洛斯公司（Scali, McCabe）把23年的老客户赔了进去。当然，"一辆值得信赖的汽车"的广告语也未能增加可信度。

安 全 驾 驶

新广告代理提出了精彩的口号——安全驾驶。他们对日间行车灯和侧翼安全气囊大做文章，以加强广告语。沃尔沃汽车说，该口号出自于对"沃尔沃即安全"的认知。但沃尔沃没有继续追寻该战略，而是逐渐转向"面面俱到"的战略中。他们忽略了一个教训：在市场竞争中，聚焦至关重要。

1991年，沃尔沃公司推出运动型轿车850 GLT车型，希望能吸引没有孩子的年轻或年长的驾车人士。沃尔沃将850作为休闲车推销，但发现很难突破公司已形成的声誉。《纽约时报》这样评价该车："沃尔沃的新宠依然是见棱见角的线条，包着25年前的瑞典铠甲车体。"对于该番评论，沃尔沃公司却会错了意。

不要有棱有角的方盒子了？

这番评价和沃尔沃850型的失败，也许让沃尔沃公司开始反思。他们把销售不畅的原因归结于传统的坦克式外观。消息传到设计部，于是他们不再考虑安全概念，改而追求流线型和运动型车款。

沃尔沃公司没有意识到《纽约时报》所称"铠甲车体"正是安全概念汽车的最重要因素。如同法拉利的流线型是为了强化其速度性能（法拉利即使停着，看起来依然很玄），沃尔沃的坦克外形让人们感到安全。

虽然改变四四方方的铁盒子外形会模糊沃尔沃汽车的独特性，但公司依然我行我素，开发出一款敞篷车——这恐怕不是一个安全的主意，此外他们还推出一款外观新潮的轿车，当然，肯定不像坦克了。

一位沃尔沃的高管表示公司需要改变，因为"太多的人认为他们要在婚后，并且有了两个12岁以下的孩子以后才会考虑购买沃尔沃汽车。"这说法也许不错，但美国平均每8秒钟就有1个婴儿出生，这市场不可能很快消失。

如果沃尔沃汽车坚持走这条"面面俱到"的路子，在不久的将来，人们就会看到，这个汽车公司很快就会有麻烦了。

柯达：在变化的世界中挣扎

与AT&T、通用汽车和IBM一样，柯达也是行业的翘楚，也遭遇了与新技术竞争的难题。由于成功太久，该公司对自己名声和形象过度自信，以为自己可以为所欲为。

大公司经常犯的一个致命的错误是：它们看待自己获得的声誉远远超出了世人对他们的评价。大公司的感觉是："只要将我公司著名的商标往产品上一贴，全世界的人都会来买的。"

实际情况并非如此。尤其当你碰触的是别人的专长，结果往往是"班门弄斧"。另外，全世界的消费者都喜欢一样东西：新选择。所以当你孤独求败的时候，好好享受这美好时光，因为一旦有了新的替代产品，你公司的业务多多少少都会受到损失。

在这里，照相开始变得简单

19世纪70年代，纽约罗切斯特市的一个银行小职员乔治·伊士曼（George Eastman）对摄影产生了浓厚的兴趣。但湿板照相设备庞大而笨重，人们旅行时不易携带。在摄像师的全套行头里，相机仅仅是一部分。伊士曼在妈妈的洗碗池里琢磨了很久，终于完成了干板和用明胶涂层的相纸"胶片"，可以和他的新专利产品卷轴器配在一起使用。小型照相机开始出现，人们终于可以在任何地方使用操作简易的照相机了。

品牌名"柯达"，也是伊士曼的创造。柯字的K是他最喜欢的字母，而且柯达名称简洁，发音干脆简单，与行业中的其他品牌没有任何相同之处。这无论在过去还是今天都算得上是出类拔萃的品牌名。

将这个名字推向顶峰的，还有伊士曼在广告中做的精彩定位：

柯达相机，

你只管按钮，

剩下的事交给我们做。

剩下的事就成为了历史：照相业成为规模巨大的行业，小小的黄色胶片盒成为其视觉的象征。一切风平浪静，直到——你猜对了——一个强有力的选手出现了。

一个小绿盒子

20世纪70年代末，疲软的日元让强硬的竞争者在美国市场上找到了立足点。富士胶卷用小绿盒子向柯达发起了挑战。富士提供质量相同但价格低廉的产品，20世纪八九十年代，富士胶卷在美国市场上抢占了不少市场份额。1996年，柯达拥有80%的市场份额，富士为10%。2000年，柯达的市场份额约为65%，而富士则为25%。

柯达的教训是：领导者必须防御（以面对富士咄咄逼人的低价挑战）。可柯达等了很长时间才进行削减成本和降价行动。市场游戏的竞争规则是：你必须永远对市场的价格竞争保持警惕。就连骄傲的万宝路牌香烟也明白这道理，为反击低价香烟，他们大幅度降价（他们还大幅度调低了股票价格）。

对事态无动于衷，任由巨大价差的存在，柯达让消费者发现富士胶卷冲出来的照片和柯达的一样。1984年，在"1984年夏季奥林匹克运动会指定胶卷"的冠名权竞争中，柯达输给了富士，这在人们心目中进一步强化了"柯达、富士，非此即彼"的印象。富士不再仅仅是一个便宜的品牌。

绿盒子在此生根，确立了和黄盒子"非此即彼"的地位。

数 码 时 代

与富士争斗只是一方面，但数码影像的到来才是柯达生死存亡的大事。为了在下个世纪生存，公司必须转向数码成像的新科技，这可跟伊士曼家的洗碗池里出来的东西完全不同。柯达面对来自美国本土和日本公司的激烈竞争。其他公司如惠普、索尼和佳能均快速转向数码影像。但很多人不看好柯达生产数码相机的盈利前景。多数分析师认为柯达不可能重生成为美国数码影像公司的领头羊。

我同意此观点，特别是提到这个品牌："柯达"。

需要新品牌名

此前已说过：如果你因一样东西而闻名，市场不会再给你另一样。市场对柯达的认知是"胶卷"而不是相机。尼康（Nikon），在人们的认知当中更有机会成为数码相机的品牌（数码相机是最新款的相机）。

如果人们认为相机是电子产品，那么佳能、索尼和惠普则有可能在数码成像系统方面做大。

因为每一新兴的细分市场都有各自的领导者。柯达是胶片照相技术的领导者，那么成为数码成像技术领导者的机会就微乎其微。

柯达如果收购该领域的品牌或在该领域启用新品牌，或许还有机会。

柯达的品牌应该为胶卷专用。新品牌或新公司应与柯达没有任何关联，独立运营。柯达的总部设在纽约的罗切斯特。新公司的总部则应设在硅谷某地。

柯达很难接受这样的改变。可如果他们还试图将100年的胶卷品牌转换成数码品牌，未来的图像恐怕不会清晰。

西尔斯：被鳄鱼包围了

西尔斯也是家有百年历史的巨头，却在如今千变万化的世界里遭难。就在几年前，曾有一个评论很幽默地说到了20世纪90年代末，日本将生产所有的东西，而西尔斯则负责销售这一切。这成为了一时的玩笑话。今年，西尔斯已把宝座拱手让给了沃尔玛，身边还有许多竞争者，每一个都将西尔斯的某项业务啃掉一块。举几个为例：家得宝（Home Depot）、塔吉特（Target）和电路城（Circuit City）。另外还有盖普、老海军（Old Navy）等专业零售商，就连提供全面服务的百货公司都竭尽全力在这一零售店泛滥、百货商场泛滥的零售环境下生存。

这些都是47岁的新任CEO阿兰·莱西（Alan Lacey）面临的挑战。在接受《华尔街日报》的公开采访时，他批评西尔斯的软肋在于将零售产品仅限制在某一区域。他极不看好当时"好生活就靠高价格"战略，他认为过于价格驱动。他反问："我为何要去西尔斯，而不去塔吉特？"

问得好，但我不确定答案是聚焦在西尔斯的名称上还是零售的品牌上（他在访谈问中也有谈及此事）。首先和最重要的是：他必须了解西尔斯为何著名和成功，作为他开始正确战略的起点。

西尔斯的成功之道

不，不是目录。这是好几代前的正确答案了。在现代，西尔斯是少数几个建立了真正品牌的零售商之一（如果不是唯一一个的话）。消费者到西尔斯购买肯摩尔（Kenmore）家用电器设备、卡夫曼（Craftsman）工具、耐用牌（DieHard）电池、耐风雨（Weatherbeater）油漆料和路通（Roadhandler）轮胎。

消费者也可在店里采购其他商品，如李维斯牛仔裤或索尼电视机。但使西尔斯与众不同的，是那些只在西尔斯才能买到的品牌。

但是最近几年，西尔斯在品牌建设的道路上没有太多建树。恰恰相反——"品牌中心"说的是提供每个人喜欢的品牌（错误策略）。而"舒服一面"更是不带有任何品牌色彩（错误策略）。

很明显，西尔斯没有学到我们在前面提及的教训：不要忘记自己当初是怎么成功的。

品牌需要调整

既然西尔斯出现了品牌建设的断裂，显然有必要重新审视每一个原有品牌，想办法重振或加强品牌的力量。他们应该利用肯摩尔品牌的领导地位，在家庭电器设备领域重新定位。卡夫曼——到目前为止仍然是美国最受欢迎的品牌——也应如此。新一代的耐用电池是否该更耐用？店里的油漆料是否应该更光鲜？

如果品牌工作做得好，更多的消费者会去西尔斯的。如果设计师能将店面设计加以改进，消费者或许会在店里多花些时间浏览和购买其他商品。

另一方面，公司是否应该投资一到两个新品牌？例如在化妆品或服装一线，甚至考虑我们在第9章提到的专业卡车轮胎。我不倾向耗费巨资将"西尔斯"打造成品牌，西尔斯不过是消费者去找

"只在西尔斯销售"的特别品牌的地方。

好 的 迹 象

讽刺的是，西尔斯的新任CEO在《华尔街日报》的访谈中，一开始没有提出任何激动人心的亮点，反倒结束时提出了一个正确观念。报道如下："莱西先生认为肯摩尔家用电器在西尔斯有着强劲的销售业绩和巨大的市场份额，这是公司其他零售业务的楷模。在与零售分析师的会议中，他说，我们已有了一套经典案例做法，可以在公司其他部门推行。"

一语中的。

绝非偶然

我以显微镜细查的大品牌仅仅是许多即将遭遇大麻烦公司中的几个。

苹果电脑能将优美的外观和与众不同保持多久？一招鲜的宝丽来（Polaroid）相机是否能再出新的一招？露华浓（Revlon）化妆品能否走出近十亿美元债务的深渊？戴姆勒-克莱斯勒能明白他们为何要兼并吗？同样，美国在线和时代华纳的结合确有必要吗？亚马逊（Amazon.com）何时才能赢利？

不过，留意那些在市场上添乱的人也很重要，比如那些只会拿钱却百无一用的咨询顾问。还有那个不断把公司们推入火坑的华尔街。

有这样的朋友，就算没有竞争对手也在劫难逃。

POSITIONING

第13章

幕僚三千

百无一用

虽然没有具体的统计数字，但据估计，全球管理咨询市场约有500亿美元。咨询顾问追逐金钱如蝇逐臭。所以，凡是资金丰厚的大公司里总聚集着形形色色的咨询顾问公司。他们竭尽全力敛财，以供养工资不菲的顾问团队（聘请麦肯锡的一个咨询团队提供服务，每月要花25万美元）。

大品牌身陷麻烦时，身边经常顾问如云，但他们却只管拿钱，并不能真正解决威胁公司之难题。从这些咨询公司在解决大品牌麻烦方面的表现来看，有人很形象地称他们为现代罗宾汉：劫富，济己。

两个实例

前几章讲到的两个案例说明了问题。李维斯花费了8.5亿美元聘请安达信咨询公司，希望对公司进行改良，向客户提供更优质的服务，结果反而麻烦不断，每况愈下。最后董事会不得不终止这一毫无效果的方案。

1989～1994年，据报道，AT&T在咨询方面的花费超过5亿美元。要想知道AT&T公司花费的具体数字，可参看詹姆斯·奥谢（James O'Shea）和查尔斯·马迪根（Charles Madigan）二人写的精彩著作，是关于咨询顾问的，书名是《危险的公司：管理顾问拯救和毁灭了的企业》，非常值得一看。

- 那个时期，麦肯锡公司的获利数字为：96 349 000美元。
- 摩立特咨询公司（Monitor）——迈克尔·波特（Michael

Porter）与哈佛大学挂钩成立的咨询公司，在1991～1994年间的获利达1.27亿美元，仅1993年一年就赚了58 817 000美元。

- 1992年，安达信咨询公司从AT&T公司的咨询服务中赚了39 808 000美元，1993年赚了36 096 000美元（四年共赚8700万美元）。

- 当AT&T不停地进行"业务改革"（business transformation）、"变革管理"（change management）、"业务流程再造"（business process reengineering）时，成百上千的小咨询公司从中聚敛了数以百万计的钱财。⊖

那么，AT&T的花费物有所值吗？目前看来所获甚少，公司仍未能从困境中脱身。

迷魂阵

大型咨询公司喜欢用机密、"客户保密特权"（client privilege）之类的法律术语将咨询业务打扮得像法律事务所的工作。听起来合情合理，客户当然不希望公司的机密被拿出来公开讨论，但这也为咨询公司提供了拒绝讨论他们认为不适问题的正当借口。

我很喜欢摩立特咨询公司的一个观点，那真是一家由大师驱动的咨询公司，有哈佛名人迈克尔·波特坐镇。他们承认过度承诺是导致绝大部分咨询工作失败的原因。这里要援引坦诚相见法

⊖ 上述概念都是这些咨询公司兜售给AT&T的。——译者注

则：坦诚自己的不足之处，反而能够赢得顾客的肯定。这里的顾客肯定是指：在形成长期关系的过程中，他们将"促成合作"（即愿者上钩）。

不用说，价值1.27亿美元的合作没有给AT&T带来多少帮助。

兜售概念

要赚取真金白银，咨询顾问就得兜售些点子。

《危险的公司》一书的作者指出，咨询业要成功必须具备四要素：

1. 找一篇《哈佛商业评论》上的文章。

2. 东挪西借写成一本书。

3. 祈祷该书畅销。

4. 利用该书向顾客兜售某个概念，吹嘘其物超所值。

类似麦肯锡的咨询公司可以不必玩这些噱头，但进入行业较晚的咨询公司就得用一种独特的概念来招揽客户。这些并不仅仅是点子——它们被称为管理工具。如果你对该行业的规模还有所怀疑，看看下面的清单，这可称得上是"管理工具大爆炸"：

存货ABC管理法（ABC）

目标管理（MBO）

全面质量管理（TQM）

实时生产系统（JIT）

经常性管理费用的价值分析（OVA）

股东价值分析（SVA）

核心流程再造（CPR）

质量管理与控制（SPC）

看板管理（Kanban）

流程再造（Reengineering）

大规模定制（mass customization）

系统动力学（system dynamics）

群策群力（workout）

并行工程（concurrent engineering）

零基预算法（zero-based budgets）

战略与绩效分析（PIMS analysis）

质量圈（quality circles）

贴现现金流（DCF）

业务组合分析（portfolio analysis）

经验曲线（experience curves）

任务和愿景陈述法（mission and vision statements）

压缩周期（cycle time reduction）

按绩效支付薪酬（pay for performance）

顾客满意度测量（customer satisfaction measurement）

愿景（visioning）

核心竞争力（core competencies）

鲍德里奇国家质量奖（Baldrige award）

微观营销（micro-marketing）

物料需求计划（MRPI）

制造资源计划（MRPII）

技术S曲线（technology S-curves）

德尔菲法（Delphi Technique）

差距分析（gap analysis）

ISO 9000质量体系认证（ISO 9000）

7S现场管理法（7-Ss）

六西格玛管理（6-Sigma）

波特五力分析（5-Forces）

4P营销法(4-Ps)

3C经营法

矩阵管理（2x2 Matrices）

1分钟管理（1-Minute Managing）

零缺陷（0-defects）

授权（empowerment）

战略联盟（strategic alliances）

服务保证（service guarantees）

自我导向团队（self-directed teams）

战略规划（strategic planning）

态势分析法（SWOT）

关键成功因素法（KSFs）

标杆分析法（bench marking）

产品生命周期分析法（life cycle analysis）

卓越（excellence）

情景规划（scenario planning）

改善管理法（kaizen）

学习型组织（learning oranizations）

环境扫描（environment scanning）

偏对策分析（metagame analysis）

组织扁平化（horizontal organizations）

价值链分析（value chain analysis）

名义群体法（nominal group technique）

联合分析法（conjoint analysis）

竞争博弈法（competitive gaming）

客户保留（customer retention）

协同工作（groupware）

心理统计法（psychographics）

忠诚度管理（loyalty management）

"罗宾汉式的调查"

贝恩咨询公司（Bain & Co.）在波士顿科普利大厦的豪华办公室里坐着1300名咨询顾问。他们行事机密，连名片都不备。据说在飞机上与客人讨论，他们会使用代号，从不直呼其名。

　　近年来，该公司对使用上述管理工具进行了调查。在2001年5月21日的《华尔街日报》中，贝恩公司对商业高管们提出建议：不要被所谓时尚的管理工具冲昏头脑。这不失为帮助企业区分良莠不齐的咨询公司的好办法。贝恩公司认为，没有客观资料证明，采用多种管理工具是好还是坏，以及哪些管理工具确有成效。贝恩公司指出：在缺乏数据资料的前提下，盲目地吹嘘管理工具会"把选择管理工具的过程变成一场危险的博弈游戏。"

　　很少有人愿意承认他们在这些努力上浪费了大量金钱，我很惊讶地看到，在一份针对5600名执行官的调查报告中，有81%的人认为那些管理工具言过其实（正确的说法应为：我们烧了很多钱）。

　　这些管理工具存在一个问题，它们都以过程为导向（咨询应以最终目的为导向）。以汽车来比喻，使用这些工具的本意是让公司的引擎运行更加平稳，因为保证引擎正常运作才是成败关键。而不是去展示汽车设计生产出来的过程，并以此论成败，这样做是舍本求末。另一个问题是，所有竞争对手同样可以使用这些管理工具。迈克尔·波特在书中写道，在当今的竞争中，单靠这些过程导向的管理工具是不够的。他提出需要独特的定位，但未能指明如何做到独特。

　　迈克尔·波特的公司从AT&T大量吸金的时候，贝尔母公司正在极其糟糕的战略下，"嘭"一声投入100亿美元收购NCR公司，以IBM为对手，进军电脑行业。在这紧要关头，波特和他的团队在哪里？他应该在CEO的办公室里，向他指出什么是错误的战略。

　　优秀的咨询顾问应该根据公司可为和不可为的情况，寻找出正确的方法，而非一些响亮的口号和花哨的程序。在这方面，这还有一个深刻的教训。

优秀的领导者必须知道前进的方向

在贝恩公司的调查中，最受欢迎的三种管理工具为：战略规划、任务和愿景陈述，以及标杆分析法。

我已经解释过标杆分析法是个陷阱。关键是要做到与众不同，而不是和竞争者雷同。

战略规划、任务和愿景陈述需建立在一个前提上：你知道要走的方向。如果没有方向，从众者无所适从。大型企业被自身的规章制度和传统束缚着，就连管理高层都无法引导前进方向。没有几位能像韦尔奇那样，能指明方向，确定前进步伐。

德鲁克在《卓有成效的管理者》⊖一书中写道："有效管理的基础在于，对企业所承担的任务深思熟虑，清晰而明确地界定和建立任务目标。领导者制定目标，建立优先次序，设立和维护标准。"

他可没写"你先雇几位咨询顾问帮你制定任务和愿景陈述。"

再说，最优秀的领导者只知道方向也还不够，他们也不会搞一大群麦肯锡这样的咨询顾问整天在他们公司晃荡，动摇军心。他们自己就是拉拉队、讲故事的人和调解人。他们用语言和行动强化了团队的方向感和愿景目标。

我以前讲过这个案例，但有必要再次重复。

⊖ 本书中文版已由机械工业出版社出版。

作为航空业的领导者，无人能超越西南航空公司的主席赫布·凯莱赫（Herb Kelleher）。他已成为低价和短途飞行领域之王。他的航空公司多年一直在"最受敬仰"和"最能赢利"公司的名单之内。

如果你认识赫布，就会意识到西南航空的风格就是他个人的风格。他是保持飞机良好运营、员工情绪高涨的优秀拉拉队队长。他了解他的雇员和业务，是公司真正的后盾。在一次会议上，我们鼓励他购买东岸航空出售的穿梭航班飞机，这可以让西南航空即刻成为东部的大玩家。

他考虑了一分钟后说："我当然喜欢他们在纽约、华盛顿和波士顿的登机口，但我不喜欢他们的飞机，尤其是他们的人。"

他的说法非常正确。根本没有可能让东岸穿梭航班的人们情绪高昂。他不需要咨询顾问就知道这一点。

间接损失

有时候，即使咨询顾问的工作完成得很好，给公司带来的也可能是负面效益。在《危险的公司》一书中有个关于西尔斯百货公司的故事。西尔斯人标榜其CEO亚瑟·马丁内兹（Arthur Martinez）是个开明的领导者，他对聘请咨询顾问公司走马观花般地制定战略规划的做法打心眼里不认同。据作者的说法，马丁内兹极其反感"来，帮我决定我应该在公司做什么"这类的咨询。

在经过一轮公司内部压缩费用之后，马丁内兹将目光放到了西尔斯支付给供货商的进货费用上，显然，这是一大笔钱。能否像沃尔玛一样降低进货的价格？他聘请了科尔尼（A.T.Kearney）管理咨询公司，向供货商推行"最佳生产模式"。这句话的意思是：帮助供货商降低成本。科尔尼公司的咨询人员需要对供货商的工厂进行详查的走访，对其生产流程有详细的了解之后，才能制定出如何改进、削减成本的方案。

想法倒不错，可有时候，却未必有好结果。

耐用牌电池的遭遇

科尔尼公司来到江森自控公司（Johnson Controls Inc.），该公司已经为西尔斯生产耐用牌电池长达25年了[⊖]。科尔尼公司调查完该公司后，提交了一份报告。报告指出，如能对生产加工进行改进，向西尔斯提供的电池成本可下降20%。

对此，哪个CEO会说不呢？

江森自控公司拒绝接受此方案，不肯降价，于是没了西尔斯的生意，订单被其他供货商抢走。然而，接下来西尔斯的情况就开始不太妙了。没多久，市场就发现耐用牌电池质量下降，不再经久耐用了（嗨，你都砍了20%的费用，有些东西能省就省了）。

在多数情况下，产品质量稍差不是件大事。可对西尔斯而言却是个大事。耐用牌电池是西尔斯公司享誉已久的品牌。对于西尔斯公司自己的这些知名名牌：耐用牌电池、肯摩尔家用电器设备、卡

⊖　耐用牌电池为西尔斯的自有品牌之一，江森自控公司为代工厂商。——译者注

夫曼工具和耐风雨漆料等均值得花高一些的费用来维护，正是拥有这些知名品牌让西尔斯百货有别于沃尔玛和家得宝。西尔斯是唯一可以购买到这些好产品的地方。降低它们的质量，就是在损坏这些品牌，损坏这些品牌，就是在损坏西尔斯。

马丁内兹做的是削减成本的事，却间接造成了损失。让我们再回顾另一个教训。

咨询顾问极少公允地看待错误

就算咨询顾问发现战略错误并心存疑虑，他们也不会冒风险向已经在实施该战略的客户指正。他们的目的是建立长期关系，不可能大胆诚实地指出客户的错误。事关咨询顾问公司上百万美元的业务，于是咨询顾问宁愿将最佳方案扔在停车场。这就是所谓的"客观"。

字典上对"客观"一词的解释为：不带偏见、歧视和情感的看法。作为外部人员，咨询顾问的作用就是打破偏见，摆脱个人动机和个性对艰难决策的束缚。他们不得不以"保障咨询费为先"的态度处理问题，否则就会遭遇利益冲突。然而他们已将自己公司的偏见带入进程，限制了能力的发挥，也就无法真正对客户做到坦诚和客观（同样的情况在广告公司也会发生）。

优秀的咨询顾问会在了解情况过程中记下他们认为是正确的做法，他们不会顾及客户的好恶态度，竭力避免为了让客户接受建议而做出让步。没有外部的帮助，每位CEO也都懂得妥协，他们最需要的是帮助厘清正确的方向。随后，他们有能力做出适当的决策。

现在假设我们遇到了一位的确客观和真诚的咨询顾问。你就能摆脱困境了吗？能得出正确的建议吗？下面的教训告诉我们：恐怕不能。

咨询顾问不理解客户的想法

这是一个培训问题。营销之战是消费者或潜在顾客的心智之战，是成败的关键，即如何将品牌或公司在消费者心智中定位。下面是理解心智活动以及人们作决定的心理活动的六项原则：

1. 心智不能处理全部信息。

2. 心智是有限度的。

3. 心智排斥混乱。

4. 心智缺乏安全感。

5. 心智无法改变。

6. 心智会失去焦点。

那些聪明的、MBA背景的咨询顾问很少或根本不具备在这方面的训练。他所受到的培训是如何理解和打动CEO和董事会，这如同进入了战场却还不会射击。

迈克尔·波特使用过"定位"（positioning）的词语，但他对在心智中如何区隔品牌知之甚少，也不屑于学习（我曾经在某次大型管理会议上在他之前发言，他根本没有进场聆听）。他认为我所做的不过是"营销"，而他做的则是"战略"。有人能告诉我这之间的差别吗？我认为正是营销将战略植入消费者的心智。

如果波特和他的人马能理解心智，就应该告诉AT&T公司，人们认为这是家电话公司，而不是电脑公司。正因心智无法改变，公司在电脑领域里就不会成功。这一建议将会为客户节省巨额资金，减少庞大的人力物力投入。

在前面的章节里所陈述的麻烦，多数是由公司和咨询顾问造成的，他们没有意识到，认知问题才是困难的核心。

- 通用汽车未能认识到，他们各个系列车的价格越来越接近，外观越来越相似，正让顾客晕头转向。
- 施乐公司在市场上力图证明他们也可以生产电脑。然而，不能复印的施乐机器在人们眼里一文不值。
- DEC没能够在消费者心智中建立64位工作站是"新一代"的认知。
- 李维斯没有建立公司是牛仔裤开创者的定位，让消费者明白其他竞争者的产品不过是跟风。
- 佳洁士牙膏在消费者心中的认知，未能从"防止蛀牙"转变成"口腔保健先锋"。
- 汉堡王未能把"儿童乐园"的认知固定在麦当劳上，也没有将"要烤不要炸"作为成人汉堡的特质。
- 凡士通长期未能克服大量的负面公共舆论，结果公众认为该公司的轮胎不安全。

- 米勒公司未能了解，它本可以成为消费者心智中的"唯一"，而不是"九种"啤酒。

如果咨询顾问们能明白战略就是消费者和潜在顾客的心智之战，他们就可以轻易地找出存在的问题，这些大公司就可以避免大麻烦了。

这让我想起了一个有关咨询顾问的小故事。

牧羊人和咨询顾问

牧羊人赶着羊群在遥远的草原上放羊，突然，一辆崭新的切诺基大吉普（Jeep Grand Cherokee）一骑黄尘开到他面前。驾车人是位年轻人，穿着布莱奥尼（Brioni）的西装、古琦（Gucci）的皮鞋，带着雷朋（RayBan）的墨镜和圣罗兰（YSL）的领带，他靠在车窗上问道：

"如果我能告诉你羊群的具体数目，你能给我一只吗？"

牧羊人看着这雅皮士，平静地看着羊群说："没问题。"

雅皮士停下车，打开笔记本电脑，连接手机，打开NASA网页，利用GPS卫星导航系统，扫描该地区，打开数据库和60个充满复杂公式的Excel电子表格。最后在微型打印机上打出150页的报告，他转身对牧羊人说："你一共有1586只羊。"

牧羊人说："正确，你可以拿一只羊。"他看着那年轻人找了只羊，捆着放进他的大吉普车里。牧羊人说："如果我能准确地说出你所从事的职业，你可以将羊还给我吗？"

年轻人回答："真的？"

牧羊人说："你是咨询顾问。"

雅皮士说："对呀，你怎么猜的？"

牧羊人说："容易，第一，你不请自来。第二，你研究的结果，我早就知道，你却要我为此付费。第三，你其实对我的行业一无所知，你说要一只羊，却拿走了我的狗（牧羊犬）！"

POSITIONING

第14章

董 事 会

形同虚设

人们都认为，要防范错误的决策，最后一道防线非董事会莫属。在这里，有这么多的聪明人，他们个个经验丰富，随时准备着帮助企业CEO和高级管理人员们披荆斩棘，闯过艰难险阻。对吗？错。

事情并非如此。近几年，只要公司效益数字变糟，董事会就开始解雇CEO。吉尔·巴拉德（Jill Barad）仅仅在美泰（Mattel）玩具公司的高位上待了三年就匆匆离开了。道格拉斯·伊维斯特（Douglas Ivestor）当可口可乐的舵主只有两年。罗伯特·安农齐亚塔（Robert Anunziata）在环球电讯（Global Crossing）公司仅逗留了53周。理查德·托曼（Richard Thoman）在施乐公司任职三年后，就被炒了鱿鱼（更多论述见第15章）。

可是，当CEO做出错误决策时，董事会究竟在何处？避免大麻烦的唯一方法是将它扼杀在萌芽状态，不能等它开花散叶，让事情发展到快速衰败的境地。

把握方向盘时睡着了

在第3章中说过，施乐的麻烦起始于多年以前。过去几十年的错误决策让这家曾经如日中天的公司彻底被边缘化。当施乐试图进军计算机领域的努力一个个宣告失败时，当惠普靠着原本是施乐发明的激光打印机腾飞时，人们都以为，董事会会早些介入。

可董事们也许正忙着为其他的董事会服务，所以不能够发现并阻止关键错误。在施乐的15名董事会成员中，有7名还为5家以上的董事会服务。保罗·阿莱尔（Paul Allaire）是施乐任职最长的CEO，他在5个董事会挂了名。施乐总裁兼首席运营官安妮·麦卡伊（Anne Mulcahy）身兼4个公司的董事。借着比尔·克林顿（Bill Clinton）[一]的威名，弗农·乔丹（Vernon Jordan）[二]在11个董事会里均占有一席之地。太多了，尤其是对当时施乐出现的问题而言，需要董事会成员们全力以赴。

此外，15名成员中有5名是公司内部人员，他们一直忙着为自己的决策辩护。其他几位成员当然没有多少战略方面的经验。他们中间有前任海军上将、几位律师、一位德国银行家、一位来自朗讯科技的女士以及几个财务人士。他们中间还有来自强生（Johnson & Johnson）和宝洁的执行官，但都缺乏技术市场的营销经验。因此，对于这群人一直迟迟不能帮施乐摆脱大麻烦，也就不足为奇了。

错误的经验

如果研究董事会的组成，你会纳闷，这些人究竟是怎么被选上的？弗农·乔丹是美国政府的人，大家可能以为他会给开个方便之门吧。聘请杰拉尔·福特（Gerald Ford）和亨利·基辛格（Henry Kissinger）也应该是同样的理由。这些人物对防范公司制定错误决策毫无帮助。

纯属好奇，我看了看都是谁在AT&T的董事会就职。这是一家急需帮助的公司。除了公司内部人员外，我发现有石油公司的退休

　　[一]　比尔·克林顿（Bill Clinton），美国前总统。——译者注
　　[二]　弗农·乔丹（Vernon Jordan），前总统克林顿的顾问，职业律师，伊拉克研究小组10名成员之一。——译者注

总裁、经济顾问、纺织品公司退休的CEO、柯达董事会主席（柯达也在麻烦之中）、卡特彼勒公司（Caterpillar）⊖退休总裁、国际关系顾问、法学教授、花旗集团（Citigroup）的CEO（他自己公司的活儿就够他忙的了）和在哥伦比亚广播公司（CBS）干得不怎么样的前任CEO。

这些成员中间没有一个具有技术或市场营销背景，所以既没能力质疑前些年公司做出的与IBM在计算机领域一较高下的决策，也没能力质疑阿姆斯特朗耗资1000亿美元收购有线电视公司，以夺回多年前输给小贝尔公司们的市场这一计划。

很少董事会具备足够的才智和经验能让公司防患于未然。他们修修补补还行，但是对于如何防止公司大厦倒塌，他们就无能为力了。

任人唯亲

更糟的是，就因为认识CEO，有的人就进了董事会。迪士尼公司的董事会中就不乏亲朋好友。CEO迈克尔·艾斯纳（Michael Eisner）指定他的律师、建筑师、他孩子上小学的校董为董事，还有一位董事是大学校长，他为此还得到了一笔上百万美元的捐款。

《商业周刊》（2001年3月5日刊）每年会评选最佳和最差的董事会。他们对经常垫底的董事会做如下评论：

⊖ 卡特彼勒公司，世界上最大的工程机械生产厂家之一。——译者注

迪士尼不是唯一常在防范治理方面垫底的公司，ADM公司⊖（Archer Daniels Midland，ADM）和超微半导体公司⊜（Advanced Micro Devices Inc.）也都是垫底的常客。ADM公司的12名董事会成员中，只有5名是独立董事⊜。和超微半导体公司一样，它在提名委员会、薪酬委员会和审计委员会都有1名或1名以上非独立董事成员。公司治理专家认为，这些重要的委员会本应全部由独立董事担任，以便规避利益冲突。来爱德公司⊛（Rite Aid Corp.）和胜腾集团⊛（Cendant Corp.）仅次于迪士尼公司，位列第二和第四。这两家公司都发生了财务丑闻，引来美国证券交易委员会的调查，造成管理层大换血。这些出现的问题使人们对董事会提出了严重质疑。来爱德公司重复使用原有财务数字长达3年之久，该公司的审计委员会在1999年财务年度仅召开过两次会议。9名董事当中4名是公司内部人员，其他5名董事均年逾70岁。斯坦福大学的科普斯⊛（Koppes）说："这真是公司治理的梦魇。"

很明显，所有的董事会成员没有做好替股东监控公司的工作。

⊖　ADM公司：世界上最大的油籽、玉米和小麦加工企业之一。——译者注

⊜　超微半导体公司成立于1969年，是一家专注于微处理器设计和生产的跨国公司。——译者注

⊜　独立董事指独立于公司股东且不在公司中内部任职，并与公司或公司经营管理者没有重要的业务联系或专业联系，从而能对公司事务做出独立判断的董事。——译者注

⊛　来爱德公司：美国第三大连锁药店运营商。——译者注

⊛　胜腾集团：全球最大的商业与消费性服务公司之一。——译者注

⊛　科普斯（Richard Koppes），公司治理专家、斯坦福大学法律教授和前证券交易委员会（SEC）委员。——译者注

与其这样，我们不如将股市的资金抽回，去买几张CD唱片和政府债券吧。

花股东的钱何其快哉

要看董事会对CEO有多"够朋友"，从他们付给CEO的薪酬就可以看出。ADM公司是全球农业产品的巨头，在"够朋友"方面表现得尤为突出。1996年ADM公司承认联邦政府对其价格操纵的指控，支付了一亿美元的罚款，成为对操纵价格罚款的最高纪录。联邦政府对两位前任和一位现任高管迈克尔·安德烈亚斯（Michael Andreas）（他是多年担任ADM公司CEO的德韦恩·安德烈亚斯（Dwayne Andreas）的儿子）提出了指控。人们认为起诉的事实铁证如山。但三人拒不认罪，于是法庭进行了初审。公司居然为迈克尔·安德烈亚斯发放停职薪水（如果你在ADM公司被起诉，你不用工作就可领薪水了）。当安德烈亚斯和其他两人被定罪，他们在公司的待遇是停薪留职。所以即使你成了十恶不赦的犯罪分子，公司依然继续雇用你。

这就是我所说的"够朋友"的例子。多年前我在通用电气工作时也发生过类似的情况。直到被判有罪的高管都进了监狱，才不再是公司的员工。

西方石油（Occidental Petroleum）公司在这方面堪称传奇，被专家们一致认定是对股东最不负责任的公司。该公司对CEO有多大方呢？1997年，董事会为CEO雷·伊朗尼（Ray Iran）的7年合同支付了9500万美元，其后的7年，每年支付1300万美元。另外，董事会还为他准备了一份新合同，担保他的年薪达到120万美元。

这引起了股东的起诉，迫使公司对其管理进行了大规模的治理行动。业绩因此提高了吗？别提了，它的业绩比同行们都差。就算在压力下，董事会依然对业务毫无帮助。

梦魇就快降临

华尔纳公司（Warnaco）是一个麻烦缠身的公司。这也是个绩效差、薪水高的例子。该服装公司拥有卡尔文·克莱茵（Calvin Klein）、速比涛（Speedo）、皮护腿（Chaps）、欧嘉（Olga）和其他品牌。去年公司亏损3.38亿美元，股价严重缩水。尽管如此，CEO琳达·华克纳（Linda Wachner）1998年的薪金依然令人咋舌。

她的底薪为270万美元，这是我所知道的第二高的，仅次于通用电气拿280万美元的杰克·韦尔奇。她的奖金为600万美元，比福特公司的雅克·纳塞尔（Jacque Nasser）还多（福特公司当年的股价可涨了70%），也超过了埃克森石油公司的李·雷蒙德（Lee Raymond）（雷蒙德促成了最大的兼并收购案，使公司股票大涨）。华克纳还获得了价值650万有条件限制的股票和数以百万计的股票期权（每次兑现后自动补齐）。她那架势仿佛是在经营一家出类拔萃的巨型企业，可实际上，华尔纳公司小得连《财富》500强都进不去，经营亏损，股票跌价。最后，审计师都很怀疑该公司还能否活下去。

而华尔纳公司的董事会构成就连公司治理专家都感到爱莫能助。7名成员有2名是公司内部人员，在剩下5名外部董事中，有2位是该公司的顾问，1位是公司的律师。华尔纳公司的股票仍在低迷状态，恐怕公司要进行大的变革才会有起色。

人们不禁感到疑惑，这些公司为何会变得如此糟糕。答案是：要清除糟糕的董事会需要股东——互利基金和养老基金付出极大的努力和合作。出于业务或政治原因，股东们通常不愿意对大公司的董事会表现出强硬态度。当然，超过了股东的承受底线，他们还是会起诉的。

显然，一开始就建立一个优秀的董事会，比日后赶走一个糟糕的董事会要好得多。

专家董事会

如果让我组建董事会，我绝不会挑选老朋友、名人或退休的CEO。我要选择的是能让公司远离麻烦的人，即与公司业务相关的各行专家。以下是我的首选名单：

- **金融专家**。公司需要面对华尔街、资本需求、财务报表和现金流量等问题，在这些领域里有外部专家替我查看数据，提出改进建议又何乐而不为呢。
- **生产专家**。如果我在制造行业，懂得工厂和最新技术的人才

能为公司提供帮助。如果涉及最新科技，这样的人才就更具
有特殊作用。

- **人力资源专家**。大型公司聚合各类人群，向团队提供照顾，
因而福利和教育就尤为重要。有了该领域的专家就可使公司
的人员架构按最新的组织方法构建。

- **营销专家**。悠悠万事，营销为大。董事会里要有专家站出来
质疑我们所准备制定的计划，能够发现问题的端倪。我可不
需要对我们的计划只会人云亦云的人。

- **管理专家**。相关行业的前任CEO，或者见多识广、了解公司
阴暗面的咨询界或学术界人士也在我的清单之列。重申一遍，
我会征寻非常诚实的人，他们要乐意告诉我或团队如何对公
司进行改进。

这或许是梦幻团队，但我所追求的确实是一群有主见的外部人
士，可以给董事会带来真才实学的人。我绝不会要求名人，或为了
符合政策在董事会凑数（妇女、少数民族等），或只找对我完全言
听计从的人。

世界日趋复杂，你要尽可能找到所有的帮助。

董事会要置身事内

我对这里说的董事会不称职多少还是有些不公的。因为无论决
策好坏，许多公司高级管理层很少让董事会参与决策制定，因此董

事也难以有所作为。直到需要他们盖章同意之时，董事会成员才知道发生的事情。

我的经验是，让董事会参与决策制定过程会有很大帮助。唐·瓦伦丁（Don Valentine）是一位我在为西南航空公司做咨询时结识的出色营销执行官，他邀请我参与大陆航空（Continental Airlines）公司的战略制定工作。他的任务是制定一个短途低价计划，类似美联航空公司在西岸采用的穿梭服务，以对抗西南航空公司。战略的原型制定出来了，命名为"大陆便宜机票"，现在的问题是使用CALITE（大陆航空捷运）作为子品牌，还是启用新名称。

"大陆"名称有瑕疵

我对仿效西南航空风格的子品牌没多少兴趣。首先公司没有西南航空推行低价策略的各种条件，没有西南航空赫布·凯莱赫那样的总裁、统一机型、不走中心城市、没有预定系统，因此大陆航空根本无法做到业内每英里飞行成本最低。其次，大批低价航线正呼之欲出（20世纪90年代中期蜂拥而至）。由于大陆航空已经几次徘徊于破产边缘，其新品牌有必要重新定位，不能效仿类似西南航空的产品。

我建议大陆航空的定位应该是针对三大航空公司（美国航空、美联航空和达美航空）——"同样的钱，更多航线"（more airline for the money）。这比"大陆航空捷运""大陆便宜机票"要好，更聚焦于大陆航空的主品牌。

下一步该董事会了

这些对CEO来说无疑是忠言逆耳，但唐·瓦伦丁促请他向董事会陈述这番建议。他同意了。

会议开得并不顺利，CEO本人对于摒弃"大陆便宜机票"、重新定位大陆航空的做法不感兴趣。会议结束，我准备离开时，一位董事会成员走过来，对我提的新建议表示感谢，我表示会议效果不太好，但她说："正相反，我们都听明白了。"

董事会的确听明白了。"大陆便宜机票"没有实施，公司组建了新的管理层，他们也的确实行了多次飞行奖励计划，提供了更经济的头等舱服务，投入了更新的飞机，以推行"同样的钱，更多航线"的方案。

目前，该航空公司运营良好，我认为这很大程度上应归功于这家公司的董事会。他们真正起到了作用。

POSITIONING

第15章

华 尔 街

唯一作用就是制造麻烦

就算顾问和董事会成员没多大作用，至少也不会造成太大的损失。有时说不定还能想出一些好点子。但华尔街的朋友们带来的却是诱发恶行的氛围，有时还会造成不可逆转的颓势。他们搭建培养麻烦的温室，大量的麻烦将在这里茁壮成长。

增长会变成麻烦

著名的经济学家米尔顿·弗里德曼（Milton Friedman）一针见血地指出："我们没有拼命追求增长的需要，只有拼命追求增长的愿望。"这一愿望是很多公司陷入麻烦的根源。增长是办事正确的结果，其本身并不是值得追逐的目标。实际上，增长是树立无法达到的目标的幕后黑手。

CEO追求增长是为了保全职位和提高年薪。华尔街的经纪人追求增长是为了保持名声和增加收入。

必须这样做吗？未必，如果人们用拔苗助长的方式强行增长，这对品牌而言就是犯罪。下面的真实案例说明，增长的愿望成为了作恶的根源。

我当时在为某家拥有多个品牌药品的公司做营销计划评估。品牌经理在做公司下一年的计划演示，其间，一位年轻的经理提醒，他的品类遇到极为凶猛的竞争，这将改变目前的竞争格局。但讨论到销售预期时，经理提出了要达到15%的年增长。立即，我提出质疑：面对新的竞争，如何做到？

经理回应说，短期内，公司将采用一些应对战术，同时进行品牌延伸。那长期呢？这样不会使品牌受损吗？会的，那为何还要这样做？因为他的老板让他提出增长数字，这个问题他建议我应该和他的老板谈谈。

一周后，老板承认有问题，但又说他的大老板需要增长数字，这个大老板应该不难猜是谁——华尔街。

15%的假象

卡罗尔·卢米斯（Carol Loomis）是《财富》杂志的资深编辑，对上述问题发表过著名文章。她在文章中指出："对收益增长做出轻率的预期经常导致失去目标、股价下跌和做假账。"问题是：CEO为何不能摒弃这一做法？

在文章中，卡罗尔陈述了高管的习惯做法：

> 所有目标都制定得很清晰，大型公司每股收益年增长大多为15%——你也许会说，这等于是一支全明星队伍。这个数字，足以证明了管理团队的能力。公司每年增长达到15%，五年后公司的收益就可翻番。该公司无疑会成为股市中的明星，公司的CEO也就可以披红挂彩地游街了。

不用成为航天火箭专家，你也能了解这是怎么一回事。因为只有这样的预期才能打动华尔街。华尔街和管理层就像在跳定情舞，相互在耳边说些毫无意义的甜言蜜语。管理层希望高级分析师追捧他们，推荐他们的股票。华尔街希望股东获利而认为分析师英明，从而获得更多的资金。然而，没有一个是真的。

全是假象。

真实数字

卡罗尔在文章里指出：大量的调查显示，几乎没有几家公司能够做到在一年之内达到增长15%或更高的数字。在过去的40年中，《财富》杂志对150家企业在3个时间段内进行了回顾（1960～1980年；1970～1990年；1989～1999年）。

在每一个时间段内，只有三四家公司取得了15%或更高的收益增长。20～30家公司的增长在10%～15%之间，40～60家公司的增长在5%～10%之间，20～30家公司的增长在0～5%之间，20～30家公司的增长为负数。没错，胜者和败者数量相当。

事实就是事实，难怪有公司宁做些坏事，也要让自己的增长数字拔高。

收支的窍门

糊弄华尔街最简单的办法，是对那些针对会计做手脚使收益图表只涨不跌的指控装聋作哑。另一个办法是移花接木，将下季度的数据搬到本季度。这其中惯用的伎俩包括通过将运输途中的货物计入统计，或者向渠道压货等办法来提高销售额，或者宣称退休养老金储备充裕，减少投保量。

压力造成的最大长期损害，就是我们前面所说的，为了增长而使用品牌延伸。虽然此法对短期收益也没有什么作用，但管理层仍然将这一臭招作为分得一块新市场、实现发展壮大的手段。这种做法逐渐侵蚀了产品的独特和成功的本质。古老尊贵的保时捷（Porsche）的故事最能说明问题。

保时捷的SUV？

这是自相矛盾的想法，但保时捷公司想在SUV的概念上投入并以此扩大市场（盈利不是问题。2000年的平均数据显示，通用汽车销售每辆汽车的盈利为853美元，保时捷每辆车盈利为7530美元）。他们开发出卡宴（Cayenne），车型尺寸大得如同吉普车大切诺基。这是公司53年历史上的首部非跑车型汽车，该款车四门、四座兼有后厢门（难以置信）。在消费者眼里，保时捷的车就是经典911型，配备后置6缸风冷发动机。而保时捷公司却看不清现实，继续延伸产品线。

20世纪七八十年代，该公司尝试推出便宜的保时捷。先是与大众汽车公司（Volkswagen）合作推出了中置发动机的914型，随后又与奥迪（Audi）合作推出前置发动机的924型，这两款车都先后退市。1978年，公司又推出配备前置8缸发动机的928型，想取代上市多年的发动机后置的911型。但保时捷的铁杆粉丝们根本不接受928型，认为它不是真正的保时捷，于是，928型也退市了。今天，只有911型还在路上跑得欢。

麦当劳"新风味"菜单？

近来，麦当劳的金色拱桥看上去没那么金灿灿了。2000年，其销量只微升了3%，第四季度净收益下降7%。股票自然行市不好，已低迷两年了。

凡是有血性的CEO该做的，麦当劳的CEO杰克·格林伯格（Jack Greenberg）都做了。他正要推出一份所谓的"新风味"菜单，每次四种，在各特许经营店轮流推出。他希望在十年内，新菜单可以将麦当劳在美国的销量提高一倍。可问题是新菜单中没多少菜是新的，它包括了以前分季推出的产品，如麦香排骨、绿色的三叶草奶昔、温迪快餐连锁店弃用的大条培根烤肉和某种沙拉酱。巨无霸汉堡还有三种奶酪可选：切达奶酪（Cheddar）、瑞士奶酪和美式奶酪。

结果呢，前来就餐的人们在收银台前排成长龙，个个怨声载道。

杰克·格林伯格，祝你好运。

险恶的股票期权

华尔街常利用股票期权来发挥影响力。当管理层甚至中层雇员期待着自己的股票期权（stock option）⊖价值时，就开始关心下季

⊖ 股票期权：即企业在与经理人签订合同时，授予经理人未来以签订合同时约定的价格购买一定数量公司普通股的选择权，经理人有权在一定时期后出售这些股票，获得股票市价和行权价之间的差价。但在合同期内，期权不可转让，也不能得到股息。在这种情况下，经理人的个人利益就同公司股价表现紧密地联系起来。股票期权制度是上市公司的股东以股票期权方式来激励公司经理人员实现预定经营目标的一套制度。——译者注

度的运营表现。大家都希望期权价值稳定，因此大家都急功近利，不再做对业务有利但会让收益略有下降的长远规划。华尔街查看企业的财务报表，如果企业仅差一点没达到收入预期，华尔街就能把企业的股值拉低20%。这样股票期权就全都打了水漂，导致很多员工的脸都拧成了苦瓜脸。

我的一个经营比萨饼的客户讲述了一个短期效益与长期赢利相冲突的例子。他的手下发明了新的面粉加工系统，可以极大地改善和面工作。按道理，应该立即根据该方案，投入资金对旧的面粉加工系统进行技术改进，但相关负责人却迟迟不行动。究其原因，就是投入的技改资金将会使季度收益的预期受到影响。该客户对此事的看法是："我的人⊖把技改资金都捧给华尔街了。"

不用说，他绝不会再对他的员工搞什么股票期权。

CEO的名声

当CEO未能达到大胆却不现实的目标时，还有一件事会发生：如果股票的贬值，他的名声和股价将双双受到打击。金融新闻报道铺天盖地，华尔街会将CEO置于众目睽睽之下接受拷问。突然间，到处都在报道该CEO，当然，是报道他如何没能达成目标的糗事。

今天将卡莉·菲奥莉纳（Carly Fiorina）奉若神明，说她是惠普的英雄，第二天，又改口说她订的目标过于乐观，华尔街不再相信她了。如果你皮糙肉厚，这也不算个事，但还有谁在读这些报

⊖ 指上述的相关负责人。——译者注

道？董事会成员和员工。媒体的口诛笔伐损害你的名声，让你难堪，你于是变成了惊弓之鸟，这可不是件好事。试想，如果一个将军在冲锋陷阵时突然悲观失望，那将会发生什么情况？这会让他变得越来越被动保守。这或许给敌人帮了个大忙。

先拼命鼓励，然后把他们一脚蹬开

近几年，反复无常的华尔街给许多行业带来了浩劫。

开始的一步是投资银行进入，鼓励企业在它们认为可以迅速上市、获取巨额利润的方向投资。互联网的疯狂就是新版的淘金热。一旦人们发现在山上没挖着金子（互联网、色情业除外），华尔街立刻关闭资金阀门，崩盘随之而来。让人悲哀的是，认清绝大部分互联网计划没有盈利能力并不需要特别的技能。这一切背后的推动力，就是想通过股票赚钱的欲望。

电信地狱

接下来是华尔街和DSL（Digital Subscriber Line，数字用户线路）狂潮。DSL让传统的电话线成了老古董，通信进入数字宽带纪元。消费者可以从网上下载文件，速度比拨号服务快26倍。电话公司要靠电缆调制调解器来竞争了。

电信的黄金时代没有到来，破产法庭里挤满了北点通讯（North Point）、Zyan以及其他不少提供DSL服务的公司。正如《福布斯》一篇文章中所说：安装这些线路就好像驶上了通往地狱的高速路。情况很明显，这些电信公司都没有足够的现金流来完成订单。可文章又指出：

> 股票市场毫不在意，华尔街对这些公司的销售预期是实际销售额的250倍。"我们受到华尔街的大肆怂恿，结果像喝得醉醺醺的水手一样在花钱。"北点通讯的CEO伊丽莎白·菲特（Elizabeth Fetter）如是说（2001年2月19日）。每个公司都这么干。

瞎子给盲人指路

实际情况是多数分析师对建立品牌和业务知之甚少。他们根本不去亲身实践，他们不明白，这不是数据问题，也不是技术问题。它关乎的是独一无二的概念和认知，这是在竞争激流中航行的必要条件。

他们奋勇地高调炒作每个题材，其中不少人成了股市中的摇滚明星。摩根士丹利公司（Morgan Stanley）41岁的网络分析师玛丽·米克（Mary Meeker）就是一例。不过，《财富》杂志用了一个使她感到难堪的主题作为封面文章，即"分析师值不值得信赖"。

文章指出，米克的记录表明她不推荐抛售科技股。但当她表示对市场仍保持信心，相信市场会反弹时，有人质疑：如果你此时正在市场上推销某股票，而此时跑来一位30多岁的基金经理要买100

万股，恐怕你就不会坚持不抛售的观点了。[⊖]所有的工作不过是瞎子（买吧，虽然我不知道这只股票怎么样）给盲人（好，我买，但我不知道这只股票的趋势）指路。

把握了本质的分析师

华尔街有位分析师对品牌的成功和失败有相当的了解。他的名字叫史蒂夫·米卢诺维奇（Steve Milunovich），是美林公司的科技战略分析师，获得过许多的行业赞誉。

史蒂夫的特别之处在于，他多年阅读我撰写的书籍，常打电话询问我对某某公司的看法。他不是仅以数据来分析公司，而是了解数据背后的市场战略。

他是唯一向我电话咨询的分析师，他让我给出某些公司是否出了毛病或还正常的意见，这让他更卓尔不群。

如果史蒂夫推荐股票，我会认真对待。至于其他人嘛，只能祝他们好运了。

一些防御性的建议

如果公司已上市，你就必须面对华尔街。诀窍是如何与之打交道但又避免麻烦。下面是部分遭过难的CEO们总结的经验。为避免他们的股票遭到报复，此处且隐去他们的姓名。

⊖　即你会将股票抛售给她。——译者注

- **低预期，高成绩**。最槽的事是设定不实际的目标，即使你的初衷是设立一个较难达到的目标使得员工拼命努力追赶。但问题是，一旦你没达到，不管该目标是否实际，华尔街的人回头就与你算总账。最好是事先承诺少，事后产出高。当然，开头他们不会太高兴，但这样你的股票最终不会被他们评为垃圾。

- **减少分析师的会议**。少说话可让你减少麻烦。我还没发现以季度为运营基础的行业，大部分重要的营销活动要在几个月甚至几年后才能显现效果。为何总要开会？我最欣赏的CEO认为一年两次会议足矣。每每他手下一参加这样的会议，他们就开始考虑，要按分析师提出的问题和意见思考。于是他给手下定要求，要他们多思考业务而不是数字。干嘛要让他们受到分析师的误导？

- **讨论战略而非数字**。如果不得不开会，尽量花时间讨论你在竞争中要采取的战略。重点是一旦战略实施成功，数字就可以达到。将讨论的方向拉向你的地盘，而非他们的立场。切记，没几个分析师明白这些做法，所以你最好能掌控会议。况且，公司应该这样管理。好将军不会召开会议讨论敌我伤亡人数，他们只讨论针对敌人的行动计划。

私营公司的快乐

为何很成功的私营公司如美利肯（Milliken）公司和戈尔面料

（Gore-Tex）很少有报纸报道？因为没人盯着它们每季度的销售数据。公司只考虑自己的业务。只要自己高兴比什么都强。我想起了另一个故事：

渔夫和华尔街分析师

一名美国商人来到哥斯达黎加一个小渔村的码头，正巧一位渔夫将小船停靠泊位。船上有几条硕大的黄鳍金枪鱼。

美国人夸赞渔夫打的好鱼，并问花多长时间捕到。

渔夫答道："就一会儿。"美国人又问为何他不多花些时间多打些鱼。渔夫说，有这些鱼足够他们家眼下吃的了。

美国人又问："那你其余的时间做什么？"

渔夫说："先生，我每天很晚起床，出去打会儿鱼，回来和孩子们玩耍，和老婆睡个午觉，晚上到村里逛逛，喝点小酒，和朋友们一起弹弹吉他。"

美国人开始可怜渔夫了，于是说："我在华尔街做事，我能帮你。建议你多花些时间打鱼，用多赚的钱就可以买条大船，在网上宣传。一个预期销量不断攀升的销售计划会帮你搞到一笔融资来购买几艘新渔船。你就拥有了船队。你不用把鱼卖给中间商，可以直接销售给加工厂，最后你可以自己开罐头厂。你可以管控产品、加工和分销。你得离开这小渔村，搬到圣何塞、哥斯达黎加、洛杉矶，最后到纽约。到那你就可以将业务外包，交由第三方帮助管理你在产业链上纵向发展、不断扩张的企业。"

渔夫问："先生，这需要多长时间？"

美国人回答："15～20年。"

渔夫再问："然后我做什么？"

美国人笑了："这就到了最高潮，等时机一到，你就可以宣布上市，向公众出售股票，你就发财了，成为亿万富翁。"

渔夫："当了亿万富翁以后我做什么？"

美国人说："然后你可以退休，搬到哥斯达黎加海边的小渔村，每天很晚起床，出去打会儿鱼，回来和孩子们玩耍，和太太睡个午觉，晚上到村里逛逛，喝点小酒，和朋友们一起弹弹吉他。"

POSITIONING

第16章

知己知彼，百战不殆

人们常常会问自己："有没有更简单的方法远离麻烦？"问得好，你不能用我写的教案去衡量所做的每个重大决策。如果忘了一个怎么办？毕竟，在"十戒"当中，人们最多只能记住戒偷窃、戒杀戮、戒通奸。有时人们并不能都按戒律办事，所以人们还会在生活中、在市场营销中继续犯错。

为此，我将规则简化为一条，虽不完美，但足以确保你不犯错误。这就是：知己知彼，百战不殆。

这未免也太简单了吧。去了解竞争对手，哪家大企业不是如此呢？实际情况可能让人大吃一惊，接下来我提到的品牌要么是没有认清敌人，要么就是严重低估了主要敌人的实力。

- 通用汽车从未将德国车或日本小型轿车视为威胁，反而让自己的品牌相互竞争。等通用汽车开发出小型轿车土星（Saturn）时，已为时太晚。

- 施乐认定IBM是其竞争对手，但结果却是惠普的激光打印机让它一败涂地。

- DEC根本没想到台式电脑会对旗下的微型电脑产生威胁。当IBM的个人电脑形成气候，DEC的日子就屈指可数了。

- AT&T从未将MCI和普林斯特公司视为同业对手，因此也没有推广其独特的技术优势。

- 李维斯从未料到，被其视为廉价、跟风的牛仔裤品牌有朝一日会将他们这个品类的发明者冲得七零八落。

- 佳洁士牙膏也未曾想到高露洁牙膏会以防止蛀牙、控制牙垢、保护牙龈的产品重新夺回龙头老大的地位。

- 汉堡王未认识到将麦当劳作为对手，需要不断地进攻。当他们一后撤，败局已定。

- 英国玛莎百货公司从未将新的竞争对手放在眼里。他们认为没有人可以威胁到玛莎百货。

上述的失败案例每一个都能找到借口，但这些公司当时如果明晰对手的发展趋势，本可以避免灭顶之灾。洞悉对手的作为，你就可以知道如何做好预防工作，避免翻船。

有家公司我没有将其名列入上述遭遇麻烦的公司名单，但该公司确实已到了十字路口。让我们运用"知彼"的方式来评估其近期的所作所为。

惠普何去何从

惠普在业界已称雄达60年，但增长愈来愈缓慢，公司目前已现颓势。这一切促使董事会决心聘请强有力的CEO，从而避免公司进入一种半死不活的局面。10年前，IBM曾有类似的经历，而今，施乐则正处其中。

董事会选择了卡莉·菲奥莉娜。此人工作起来不眠不休，稍有空闲也只为专题报道她的杂志拍几张光彩照人的个人写真。她毫不掩饰地表述了当时的状况。在2001年2月19日《商业周刊》的一篇文章中，她指出："我们揽镜自照，只见一个伟大的公司正濒临衰败。"

卡莉·菲奥莉娜的计划

在同一篇文章里，也叙述了为使惠普在当今竞争激烈的市场上取胜，卡莉所采取的步骤和计划。下面是她将惠普巨型恐龙转变成发动机的计划中的要点：

- 将43家广告代理整合为2家，并重新进行品牌宣传。这拉开了宣传"发明"和惠普车库文化的活动。⊖
- 将惠普的83个产品部门压缩至4个，并与2个市场销售部门协同工作。
- 启动与互联网业务相关的新品类，如数字图像技术和无线服务。

她主张尽量多利用网络来降低成本。对这些大胆的管理方式，公司里传出了风言风语，议论这样的改变对巨型公司而言是否过多和过快，即是否会给公司造成混乱。

我并不同意这些说法，但我从上述卡莉的做法中看不到任何具有实际战略意义的行动。我最多能说：这一切说明大家会把工作做得更出色，发明些新东西。这也不错，但究竟谁是惠普的竞争对手？了解对手方能够帮助自己明确战略方向。

⊖ 卡莉·菲奥莉娜执掌惠普后，为建立自信、充满活力的新惠普文化，首先花巨资买回了创造惠普公司"车库文化"的公司早期办公地——创始人戴维·帕卡德和威廉·休利特当年的车库，并以车库为背景，拍摄她现身说法的广告片。之后，她又对惠普公司的企业识别形象进行了重新设计。惠普产品的新商标以斜体字"HP"为主，不再把"Hewlett-Packard"全名拼出，以表现快捷和活力，下方打上了"invent"（创造）字样，强调惠普公司60年来科技发明和创新的传统。——译者注

终 结 混 淆

惠普的第一个重大行动，人们已很少谈起。但那一次行动的确非常精彩。

多年来，每当我到惠普公司做项目或干别的什么事，常常惊讶于这一事实：惠普竟然从未搞清楚自己是什么样的公司，是家大型计量和测试公司，还是家大型电脑公司？当然两者都是。公司最终摒弃了计量和测试业务，结束了业务混淆的困惑（唯一不明智的做法是起了个难以发音的怪名字"Agilent"，那是另外的问题了）。

现在，惠普可将自己定位在DEC原来的位置上，即全球第二大电脑公司。二把手的位置固然可喜，但更重要的是公司明晰了自己的对手和应对的策略。

"重新宣传品牌"只是简单地让人了解惠普在许多产品系列中名列第二，而且品牌宣传的主题不应该是惠普的小车库发明文化。当年因陋就简在小车库里搞发明与电脑没有半毛钱关系。休利特（Hewlett）和帕卡德（Packard）先生[⊖]发明的是计量和测试设备。现在，惠普发起的新活动应该针对电脑行业的主要竞争对手。

与IBM为敌

本书前面的章节中提过行业的老二可以通过攻击老大来树立能够取而代之的地位。Sun公司是个强劲的对手，但该公司的擅长领域在UNIX工作站和服务器方面。只有IBM是惠普欲扩大在商用

⊖ 惠普的两位创始人。——译者注

电脑份额（卡莉认为此项业务有望达到快速增长）中必须面对的敌人。在既定目标——电子商务方案之后，他们需要制定一个与IBM作战的战略，而不是跟风战略。毕竟，IBM公司拥有庞大的服务部门，还有不少优秀的电子商务广告支持。惠普的天使何时降临？对于IBM，惠普怎样才能取而代之？惠普在创新方面能领先于IBM吗？恐怕不大可能，不管他们向IBM扔出多少个小车库也不可能。

如果对手强大，你应该研究对手，避其锋芒。IBM的强项在于许多大企业客户都已安装了它的大型专用主机。正是销售该类的大型专用主机使IBM的系统集成和咨询业务飞速扩展。然而世界正在转化为以互联网为基础的开放系统，大型专用主机业务在慢慢衰减。你明白IBM为何要将大型专用主机重命名为"企业服务"吗？他们正在尝试引起消费者对客户/服务系统的兴趣。

这个行业在飞速发展，产品不断更新换代，从而给惠普提供了进攻IBM的机会。

"开放企业计算机的全球领导者"

要做到这一点，诀窍在于惠普如何解释公司为何能荣登市场的第二把交椅。IBM依靠大型专用主机打下了天下，惠普则以开放客户机-服务器系统著称。在这方面，惠普有若干证明如下：

- 惠普是全球第一家提供开放系统的电脑公司。
- 惠普是全球第一家UNIX系统（开放管理系统）的服务提供商。
- 与其他品牌相比，惠普为更多的企业用户建立了电脑开放系统。

这一切为惠普实现自我壮大，挑战IBM、埃森哲（Accenture）和喜得龙（EDS）等公司提供了机会。公司可重新将服务业务命名为：惠普开放计算机系统服务部。该部门的工作即协助用户过渡到开放系统。这种做法比卡莉企图用160亿美元收购咨询机构普华永道更有意义。

这是因为，IBM管理层已经对自己的大型专用主机着了迷，而惠普现在的位置最适于跟IBM唱反调。他们可以强调这一点。

最大益处：风险小

惠普可向用户强调，惠普为用户带来的最大益处是减少风险。惠普对开放系统技术的透彻了解和丰富经验建立了坦诚相见法则：坦承了自己的不足之处，反而能够赢得顾客的肯定。

事实上，很多服务公司过度承诺，但是不兑现。同样还有许多服务公司低估了缩减规模所需的时间和费用。这使一些CEO感到非常郁闷，例如位于麻省的CSC咨询公司与美国管理协会合作，对376名CEO进行了调研，发现近50%的技术项目未能达到CEO们的预期。这为惠普提供了一个巨大的机会。

- 公开讨论压缩规模的坏处。
- 公开讨论转用开放系统时的某些禁忌。
- 公开讨论可以规避虚假、不会超量和更加安全的新型网络服务器。
- 公开讨论为什么在减少风险方面，惠普是提供复杂的软件系统（如SAP）的最佳首选。

简而言之，在这些方面IBM几乎没有发言权而这些又完全符合惠普稳健的形象。最大的好处是惠普用不着四处乱跑或发明若干新东西来实施该战略。按此前进，惠普将成为IBM强有力的挑战者。

从上面的演示中，你应该明白了，"知彼"可助你在竞争中规避风险，走向成功。这里还有一些竞争规则。

避开竞争对手的强势，找到并进攻其弱势

竞争对手在某方面出名，你就得在其他方面出名。你往往能在竞争对手的强势中找到其弱势。如果麦当劳的强项是儿童乐园，汉堡王则可成为大人的地盘。IBM在大型专用计算机系统方面称强，惠普就可针锋相对，提供开放式和分布式计算机系统。

但要牢记，我们所讨论的都是市场上消费者心智中认知的强弱。市场营销是认知之战。你所要做的事情是挖掘消费者的认知。

对竞争时刻保持警醒

我们生活在螳螂捕蝉、黄雀在后的世界里。你必须认识到：你的某位竞争对手可能正在开会研究如何将你打垮。你必须时时收集有关竞争对手行动的信息。信息可能来自消息灵通的销售队伍、友好的客户或专项调研工作。

永远不要低估竞争对手。实际上，高估对手反而让你更安全。AT&T、DEC、李维斯及高露洁等巨头公司在市场上的惨败证明，

即便是市场领导者，低估对手也会让自己遭受重创。

竞争对手一旦被触动，往往变得更强大

嘲笑竞争对手的公司犯了大错。他们奚落对手的产品或服务，说他们完全可以做得更好。可是万万没有料到，他们强有力的竞争对手突然改进了产品，这些公司所谓的优势立刻消失了。

在美国租车业界的老二安飞士公司（Avis）的确非常努力，但老大赫兹迅速做了改进。终于有一天，赫兹做了个引人注目的广告，标题为："多年来，安飞士老是说他们是老二。现在，我们来告诉你，他们为什么是老二！"

接着，赫兹将改进的服务一一列明。从此安飞士就未能缓过劲来。不要围绕对手的错误来制定计划，他们很快就能做出改正。

业务受到威胁，对手就不按常理出牌

生存是生活和经商中最强烈的本能。一旦受到威胁，所有常规都不复存在。对于这一倾向，我这有个有趣的故事。

某新成立的公司开发了一个全新的小胡萝卜包装系统，使其生产的小胡萝卜产品价格比业内的两家大供货商低很多。

为了抢占超市货架，该公司没有以更优质的产品进攻，而选择了以更低的价格进行比拼。很快，市场的名牌产品纷纷跟进。新公司被迫再次降价，然而，对手也立刻进行降价。

董事会成员询问新公司的管理层对事态的预测，管理层认为两家大公司不会再降价，因为"不符合常理"。运用陈旧的包装技术，这些公司已在亏本运营。

董事会成员向我咨询对该预测的看法，我告诉他：这些大公司会继续做不符合常理的事，直到将这家横空出世的新星逐出市场。它们凭什么这么容易就让一家新公司威胁到它们稳定的业务呢？

在下一次董事会上，新公司的管理层被说服，把他们新的生产系统卖给了其中一家大公司。这样一来，他们赚了一大笔。

这才是按常理出牌。

尽快打垮小型竞争对手

在战争中，将军们在遇到敌人入侵时有个重要的准则：

> 打击入侵部队的最佳地点是将敌人打落水中，使其丧失机动能力。其次是在登陆点进攻，因为在那里，敌人只有部分机动能力。最重要的是，不能让敌人上岸，否则他们将势如破竹。

在商业上亦是如此。要赶在小型竞争对手立足和布阵前，尽快采取行动。当德国和日本用小型轿车入侵美国市场时，通用汽车犹豫了。他们觉得小型轿车赚不到钱，便自己说服自己：美国人喜欢又大又舒适的车，以此来迅速认可自己的原有定位。大错。

吉列公司则正相反，为应对BIG公司一次性剃须刀的竞争，吉列公司推出双层一次性剃须刀——好消息。一开始，在一次性剃须刀上，吉列公司也许并没赚多少钱（公司还是喜欢说服我们用传统的剃须刀）。但时至今日，吉列公司已统领了整个剃须刀市场，包括利润更高的传统剃须刀市场。

你还必须小心谨慎。像微软在打击竞争对手方面就无人能及。我的忠告是：对竞争对手穷追猛打，直到联邦政府发出警告。然后道歉，消停一小会儿。

如果敌强我弱，则敌来我躲

事物总有两面性。如何躲避刚刚接受了我的建议的强大竞争对手？

两字真言：谨慎。

最好的战略莫过于悄悄接近强大的对手，不露声色。在一个无人注意的领域，不显山不露水地逐渐发展起自己的业务。当有了一定的规模和速度，你就可以横空出世，在与对手的过招中不落下风。

沃尔玛是在美国两个人口不多的C类和D类城镇起家的，公司的主要对手都是些大妈大叔级的零售店。直到公司具有相当的规模和发展速度，沃尔玛才转进人口密集的A类和B类城镇，这时公司面对的就是大型商家了。

西南航空也采用了类似的战略，从非中心城市的机场和有限的航线为起点，逐渐开辟飞行线路。他们从德州起步，转至西海岸，扩展至中西部，现在正向东部扩张。等其他大航空公司察觉时，西南航空已羽翼丰满。总裁赫布·凯莱赫凭借低成本与恐龙型的竞争对手保持着显著的差异：不提供食品、不预订座位、不走中心城市、只有一种机型。而如今他在超级杯赛事[⊖]上做起了广告，谁都看得出，他要进攻了。

打不赢，就换地方

公司遭捧打后就会停摆（只有天美时（Timex）手表还能继续滴答滴答）。在当今竞争激烈的现实中，即便财力雄厚、腰包鼓鼓的公司也如履薄冰。你还有更好的选择，那就是转移到你更容易发挥优势的地方。

只要在美国进行生产，李维斯就无法与跟风品牌在价格上竞争。通过转换成诉求正宗牛仔裤或李维斯是牛仔裤发明者这一战略，会为李维斯的高价提供支撑点。同时，这也给公司争取了在海外建厂的时间。

家乐氏公司在原来的战略下节节败退，他们转移重心，以"真正谷物片"对抗"加工谷物片"。结果是，使用传统方式生产的家乐氏公司赢了战局。

在转移的市场上，你必须握有对手不具备的特质来对抗敌人，如果对手在这方面占了先机，你会遭到重创。

⊖ 超级杯赛事：橄榄球职业联赛，美国一大盛事，电视收视率历来第一。男女老少都会观看，球迷看球，有些非球迷只看广告。超级杯中的广告要价昂贵，每30秒高达300万美元，很多广告只在超级杯赛事中播出。——译者注

如果强大对手咄咄逼人，你应该先下手为强

最后，你还要面对现实中的规模和实力。在战争中，军力强大的一方往往战胜弱小的一方。敌众我寡难以取胜。

面临与强大对手决战，如果你无法分散对手注意力，或让对方失去重心，那就先下手为强，否则，毫无悬念，你必败。

这就是当DEC面临IBM准备用个人电脑（PC）进攻小型电脑市场的情形。如果DEC率先用迷你型台式电脑对小型电脑市场进行更猛烈的攻击，起码可以大大减缓IBM对这个市场的渗透。DEC可以公开提出对IBM个人电脑功能和严谨性的质疑⊖。但DEC没有先下手，反而让IBM有足够的时间推出新一代产品（XT和AT型），改进了个人电脑的功率和操作性能。

毋庸置疑，DEC败局已定。

诤言

在全球竞争激烈、信息泛滥的经济领域里实施管理并非易事。头绪太多，变数太大，光是要厘清这些乱麻般的因素就让人头昏脑涨了。想要不昏头，就要学习芭蕾演员如何在台上单脚尖着地作炫目的旋转。虽然每转一周，她们的头也跟着转，但她们始终盯着某件东西或观众席上的一道光。这就是她们不昏头的秘诀。

摆脱麻烦也是这样，如果你始终盯着竞争，就不会失去焦点而误入歧途。

⊖ IBM一直是大型主机的代表。——译者注

POSITIONING

第17章

船大难掉头

我们一直在商榷有关"大"的议题和"增大"的危险性，对是否值得拼命扩张的问题应该深入探讨。

如果对此命题进行研究，我们就会发现大量的调研和分析资料对"越大越强"的观点提出了严重质疑。当做完调查后，我开始对CEO们患上兼并强迫症的真实想法感到好奇。

让我们先从学术分析开始。

大型企业综合征

企业文化的经典神话是：拥有庞大组织结构的行业巨人是经济效益不断提高的必然产物。对此，两位经济学家在其长达400页的分析报告中驳斥了这一观点。他们在1986年出版的《大型企业综合征》（*Bigness Complex*）一书中指出：企业专注于"做大"是导致美国经济衰退的原因。

事后证明，书中认为美国处于"经济衰退"的观点有失偏差，情况正相反，美国进入了经济发展的快速扩张期。他们也没有料到，那些大型企业已经自行拆分，并不需要任何政府政策来防止因"大"而产生的弊端。同时，他们也没有想到，高科技领域的小型公司以其猛烈的爆发力促进了社会的发展。

我曾告诫：没人能够预测未来。但书中有些关于大型企业的观点还是具有前瞻性的。

规模大不等于效率高

作者经过大量的原始观测和研究认为：联合大企业很少提高生产效率，反而会降低生产效率。有两项研究可以说明，1956年乔·贝恩（JOE S. Bain）的经典研究和后来谢勒（F.M.Scherer）所做的新研究均有下列重要发现：

1. 根据国内市场的需求，最佳模式应该是相对小型的工厂规模。
2. 规模远远小于最佳规模的工厂，生产效益上的牺牲却很小。
3. 大型企业大规模的反集中化是可以实现的，同时对规模经济的牺牲十分微小。

所以难怪新型且规模较小的工厂取代了庞大的联合制造企业。公司已察觉到管理人员无法驾驭和解决庞大复杂的企业所产生的问题。

大型企业不进行自我攻击

当公司获得了富足和成功，大家都不愿意变革。IBM公司看到其大型主机市场正转向小型电脑市场时一点也不高兴。通用汽车公司对于大型轿车市场转向小型轿车市场也心不甘情不愿。

其结果就是：任何影响公司主流业务的创新都被束之高阁。成功的大企业很少会说："这想法真不错，我们改变以前的旧方法吧。"它们往往对新的想法横加指责，却从不考虑新生事物经过改进之后或许能够成为颠覆性的新科技，抑或能改变市场格局。

市场的主导者必须经常吐故纳新，如果不能做到，其他的企业会先跨出这一步。

大型企业的组织并不完善

经济学家们对大型企业的组织困境有所了解，但我认为英国人类学家罗宾·邓巴（Robin Dunbar）关于管理大型企业的分析反而更为贴切。在一本不错的著作——《引爆流行》（*The Tipping Point*）中，马尔科姆·格拉德威尔（Malcolm Gladwell）向我们引荐了邓巴。邓巴的工作主要是研究他所称的"社交能力"（social capacity），即人的能力能够管理的群体有多大。根据他的观察，因为人类的智商足以处理复杂的社交活动，与其他灵长类相比，人类社会交往的群组是最多的。他认为人们可最多拥有150名交往密切（了解其背景并明确和自己的关系程度）的社交友人。

格拉德威尔先生从邓巴的著作中提炼出以下观点，切中企业"过大"的要害。

管理大型企业势必要建立复杂的等级制度，制定各种规范、制度和正式的举措，以控制忠诚度和凝聚力。邓巴认为：在少于150人的机构框架中，上述目标用不太正式的方法就可以做到。"在这个规模下，以个人忠诚和面对面交往为基础，人们的行为可以掌控。但群体再大一些，这些就做不到了。"

个人优先

邓巴先生对大型企业内部发生的事情并未做说明。反射性个人行为是一切高级灵长类动物都有的本能反应。意思大致如下：当某项决策要么对公司最有利，要么对个人最有利时，大部分人会选择对自己前途有利的决策。说白了就是：为自己扬名立万。

以我在商界多年的经验，我从未看到哪个营销人员面对新任务时，会思考后说："目前情况很好，我们应该保持现状。"情况恰恰相反，营销人员们都热血沸腾，积极上阵，力图改善公司状况。大家都想扬名立万，不做点事显得不入流。如果公司的办公室里老是人头攒动，不断地提出品牌修改方案，那不过是人们避免无聊的方式而已。

品牌就这样遇到麻烦了。所管理的人数越多，管理的难度就越大。

靠兼并扩大规模有麻烦

20世纪初，出现了大批企业巨人：通用电气（旗下拥有8家分公司，市场份额达90%）；杜邦公司（Du Pont，64家分公司，市场份额达70%）；纳贝斯克公司（Nabisco，27家分公司，市场份额达70%）；奥的斯电梯公司（Otis Elevator，6家分公司，市场份额达65%）；国际纸业（International Paper，24家分公司，市场份额达60%）。

这样的时代已一去不复返了。在过去的30年中，大公司一败再败。20世纪70年代，企业巨头往往没有兑现所承诺的利润指标。20世纪80年代，大公司的收购降低了效益，使公司收不抵支。此外，融合两家截然不同的企业往往需要更长的调整时间，这使华尔街的朋友们等得心焦。

如果你对此仍有异议，请看看近年来在交易狂潮中的兼并案例。文章摘自《商业周刊》，标题为"让我们打开天窗说亮话"。

1996年

太平洋联合铁路（Union Paciffic）与南太平洋铁路（Southern Pacific）：这笔40亿美元合并，意在创建从中西部到西海岸"天衣无缝"的铁路网络。但结果是，铁路交通的全面大瘫痪。

1997年

NFS公司与CUC国际公司：两家的合并金额达140亿美元，旨在成为营销动力中心的Cendant公司应运而生。但由于CUC公司财务上的违法行为导致Cendant公司的股价在一日内暴跌46%，并引来联邦政府的调查。

1998年

康赛可保险公司（Conseco）与绿树金融公司（Green Tree Financial）：康赛可保险公司以76亿美元收购绿树金融公司，但后者却因坏账而受到指控。

1999年

安泰公司（Aetna）和保诚保险公司（Prudential Healthcare）：安泰公司指望价值10亿美元的合并能使之成为医疗保健机构界（HMO）的一哥。然而保诚保险公司接二连三有问题的兼并活动，逼走了安泰公司的CEO。现在公司重新一分为二。

AT&T公司：为了收购TCI和第一媒体集团，AT&T连续斥资900亿美元，没想到CEO迈克尔·阿姆斯特朗却引火烧身。他试图向消费者推销捆绑式电信服务，可AT&T公司的核心业务已严重缩水。目前，该公司的股票仍未有起色。公司重新分拆。

Mattel公司与Learning公司：Mattel公司希望以这35亿美元的收购进入光盘游戏市场。没成想互联网的兴起使光盘市场迅速枯萎，Mattel公司的股票崩盘，CEO吉尔·巴拉德只能卷铺盖走人。

联信公司（Allied Signal）与霍尼韦尔公司（Honeywell）：联信公司指望能将公司的效率与霍尼韦尔公司的产品创新完美结合。没料想这单价值140亿美元的联姻却因为油价上升、欧元贬值及管理矛盾而受到重创。

联合百货公司（Federated Department Stores）与芬格赫特邮购公司（Fingerhut）：联合百货公司（美国领先的大型高端百货零售商）花费17亿美元，采用芬格赫特邮购公司的直销技巧，用于其旗下的梅西店（Macy）和布卢明代尔店（Bloomingdale）。但芬格赫特邮购公司主要面向的是低端消费人群，公司为此增加了不少坏账。

> McKesson公司与HBO公司：药品批发大鳄McKesson公司和医药软件开发商HBO公司的合并价值达120亿美元，但兼并演变成拉锯战。审计师发现HBO公司的财务丑闻之后，大批公司的高管辞职并遭到起诉。McKesson公司当年的股价狂跌了47%。

将小型企业合并，使之具有一定的规模是有道理的。将不同行业的大公司拉在一起那就是自讨苦吃。

哪里出问题了

研究表明，很大一部分兼并企业的业绩并不如预测的那般辉煌。两家大公司花费大量的时间进行整合运营，结果大家都沉湎于昔日的辉煌和响亮的品牌氛围之中，看不到新的想法和创新。美孚公司（Mobil）与埃克森公司（Exxon）合并⊖的背后是什么？我只能想到的是：一帮财务人员和效益专家商量如何降低成本、增加市场份额和提升股价。

大量的资源和大品牌的名声不能保障企业产生出创新的理念。往往是传统和官僚作风阻碍了积极的思维。

问 题 成 堆

大型兼并使公司雇员、产品、股东和顾客成倍或成两倍以上增

⊖ 埃克森公司建立于1882年，是美国最大的石油公司；同年成立的美孚公司是一家集勘探开发、炼油和石油化工为一体的综合性跨国公司。两家公司于1998年12月1日宣布合并成立埃克森美孚（ExxonMobil）公司，成为世界第一大石油企业。——译者注

长。管理成了棘手的难题。很快，公司没完没了地开会，讨论标识设计，裁员，关闭办事处，卖掉部分业务以及如何妥善地向顾客解释这些转变等。

其后出现的问题是如何防止公司的优秀人才外流。等级秩序彻底瓦解。每个人都在猜测打听谁上、谁下、谁出局了。

手头上的实际业务在层出不穷的谣传及骑驴找马的物色新工作中化为灰烬。

而最大问题莫过于两家同样巨大，但想法却不一致的公司在合并后产生的文化碰撞。企业文化是"我们办事的方针"，其中包括：参与制定决策，效益奖励，可承受风险的范围，质量和成本驱动。这就需要企业开展大量的深入沟通交流会和整合研讨会，这些均花费不菲。团队建设和敏感度培训风靡一时，改革管理方面的顾问们忙得团团转。

这就是美国企业兼并的实际情况。看看如戴姆勒-克莱斯勒汽车公司这样国际间的兼并，你会发现，一切新时代的特质都被抛出窗外。一家德国汽车制造商能和底特律的汽车制造商融合吗？未必，你知道奔驰的工程师对克莱斯勒工程师的看法吗？恐怕评价不高。任何改革管理顾问都无法改变这种态度。

抛锚点

如果历史事实和分析材料给力图成为大型企业的做法泼得冷水还不够，那我再说说位于首都华盛顿的一个名叫"公司战略委员会"

（Corporate Strategy Board）的组织。他们跟大公司惠普联合，进行了关于"增长的理论界限"的研究，对40年间公司发生的"抛锚点"加以分析，发现规模大的企业确实难以实施使其增长的管理。数据胜于雄辩。市值4000万美元的公司仅需要800万美元资金即可取得20%的增长。而市值40亿美元的公司却需要8亿美元的资金方能做到。几乎没有几个新兴市场会有这么大的规模。这意味着公司越大越成功，要保持发展的速度就越困难。

有趣的是，在公司抛锚的基本原因中，有83%是可控的。不是在战略方面就是在组织层面出了问题。这说明，经营巨型公司很容易在管理方面出错，公司越大，管理越难。

该研究实际上提出了一个天花板或云端标准——年销售额300亿美元左右，企业在发展到这个标准时很可能陷入麻烦。下列的统计数据令人触目惊心：1999年，美国前50家上市企业的年销售额平均达到508亿美元。这意味着是一群巨兽正飞向云端，接二连三地往一个又一个的抛锚点飞去。（当心摔下来！）

CEO们为保持发展速度而挣扎

为了维持公司如此庞大的规模和发展，许多兼并后的巨头们都陷入艰苦的挣扎中。戴姆勒-克莱斯勒汽车集团正在削减原来克莱斯勒公司的26 000个工作职位。美洲银行（Bank of America Corporation）与第一银行（Bank One）合并后，成本一直居高不下。世通公司（WorldCom）收购了MCI公司，如今也忙着将兼并的大部分分拆。

《华尔街日报》的文章深刻地描述了CEO如何在"大"中挣扎。对他们而言，管理如此巨大的公司即意味着面对"新的复杂事物和新的混乱"。文章将问题归纳如下：

> 资本横扫全球，经济形式潮涨潮落，消费者的口味捉摸不定。信息传播迅雷不及掩耳，不论是对收益的预测，还是肮脏的谣言均在瞬间传播开来。不当的做法和错误招致更大范围的指责。在信息有限的情况下要快速做出决策。遍布海外的业务运营使原本简单的日常工作（如与员工交流）变得困难。

看来，今天的CEO们越来越没有时间睡觉了。

保持沟通

许多CEO们将精力放在新科技通信方面。某位CEO向3万名员工发电子邮件并要求回复（救命，我快被打印的回复件掩埋了）。另一位则定时召开视频会议，不厌其烦地一遍遍重复他的发言，以避免传达的信息混乱（救命，我被同一个发言烦得要死）。还有一位全天挂在网上，每天阅读6份报纸并浏览一大包来自全球的各类杂志（救命，用眼过度，我眼快看瞎了）。每年还有没完没了的飞行，CEO一年的旅程很轻易就超过了15万英里（帮帮我，我都搞不清现在几点了）。

但我发现更危险的是，CEO们将更多的时间用于建立公共关系和与投资人的关系上。一位CEO每周至少耗费一天的时间去干这些事。他的理由是"大投资人希望保持经常性的联系。大家已普遍接受将与大股东的交流列为常规工作"。

这就意味着其他人承担着对日常业务的管理。

大公司的CEO们没有足够的时间参与制定一些重大的决策，日后他们都将自食其果（我希望能花多点时间讨论该议题，但我必须给大股东回个电话）。

这样看来，CEO的"死亡率"不断升高，也就不足为奇了。

POSITIONING

第18章

成也CEO，败也CEO

过去，大公司的CEO远离前线，一旦形势危急，通常是清理几个所谓犯错的人物即可。可现在情况不同以往，惩处往往从CEO开始。

至2000年下半年，据一家猎头公司统计，美国约有350名CEO离职。其中不乏一些耳熟能详但麻烦缠身的大公司。这些大公司的高管们都没任职多久。请看：理查德·麦金，在朗讯公司任职36个月；约翰·麦克多诺（John McDonough），在纽威乐柏美（Newell Rubbemaid）公司任职35个月；戴尔·莫里森（Dale Morrison），在金宝汤公司任职35个月；迈克·哈雷（Michael Howley），在吉列公司任职17个月；德克·雅克（Durk Jager），在宝洁公司任职17个月；劳埃德·沃德（Lloyd Ward），在美泰克（Maytag）公司任职15个月。

如此走马灯般地更换负责人是前所未闻的。尽管通用电气的杰克·韦尔奇创建的"未来工厂"最后在对消费者需求的错误判断以及混乱的生产技术中摔得粉身碎骨，但他毕竟也逃过一劫。已故的郭思达（Roberto Goizueta）在新可口可乐的灾难中也幸免于难，虽然新可口可乐已成为新品推广的经典反面教材。

从前的这些CEO们应该庆幸，因为如今企业对错误的容忍度为零，一旦犯错则必死无疑。正如前面所述，董事会就算不善于把麻烦扼杀于萌芽中，但解雇人却已是轻车熟路。除此之外，对于各项指标达到100%的要求愈加强烈。指标不再游动在某一范围之内，而是非常确切的数字。当庞大的企业进行业务兼并时，会遇到合并的种种困难，而报表的数字会使CEO坐卧难安。

大势不好

金宝汤公司的案例很能说明问题。大卫·约翰逊（David Johnson）于1990年掌管这家老牌的汤料公司。大卫·约翰逊的做法与杰克·韦尔奇早期在通用汽车公司的做法相同。他砍掉了一条老旧的生产线，全力提高产品价格。在他的任期内，借由净利率的提高，金宝汤的股价涨到了原来的3倍。但大卫·约翰逊终未能使公司停滞的销售收入大幅增长，这并不奇怪，汤料毕竟是汤料，金宝汤问世已久，消费者多少有些厌倦。同时，快餐的流行正逐步改变人们的饮食习惯，"我们去买比萨饼吧！"

金宝汤公司换将，聘请了百事可乐的戴尔·莫里森。他在1997年荣膺高位，成为华尔街的亮点。莫里森意识到可做的事不多，在竞争激烈的市场上再次提价无疑是不明智的做法。所以他只有尽可能多地销售产品，从汤料、乡村小饼干、v8饮料到高迪瓦（Godiva）巧克力。如果都能做到，倒也是美事一桩。可他犯下致命的错误，向华尔街承诺8%～10%的年增长率，每股净收益增长率达到两位数。此事未能兑现，没多久，莫里森先生就走人了。

不仅仅只是数字

起家于数字，灭顶也因数字。CEO们如果仅仅将他们的职责认定为倾全军之力以实现其制定的预期，他们非但不能保全自己的职位，也会影响公司的健康发展。理查德·麦金的案例充分说明了这一点。他任职朗讯科技公司的CEO时，曾以两位数的销售增长率，把原来为AT&T制造设备的朗讯公司打造成华尔街冉冉升起的新星。

世上无常胜将军，到了2000年，朗讯公司两次未能实现其增长目标。销售人员受到重压。在商业新闻中，许多报告都评价说，麦金只会做短期促销，毫无长远规划。报道说，公司向消费者承诺了一系列折扣、一次性信贷和其他刺激手段，这种做法无疑会蚕食企业未来的销售。当公司再次无法完成销售目标时，大祸临头了，麦金先生落得个灰头土脸。股价下跌，一度朗讯公司的前途堪忧。如我所言，只单拼数字，必死无疑。

先报忧

高管必须认识到，世界上没有救世主，即使竭尽全力，有些事还是做不到的。杰克·韦尔奇等人实属特例。今天的CEO没有机会能像韦尔奇们那样久居其位，因为他们面对的困境是前辈们从未遇到的情况：改变公司核心业务，以避开新技术的威胁。乔治·费舍尔（George Fisher）在柯达公司力图改变，但仍未能跟上数码时代。一旦高管们陷入对未来增长高期待的陷阱时，失败是在所难免的。

许多案例中的核心问题是：大公司的CEO们不能掌控公司的命运，亦不能掌控自己的命运。他们的竞争对手源源不断地来自世界的各地。科技永远在更新，变化的速度在加快。CEO们要消化浩如烟海般的信息，并据此做出正确的决定，已是越来越困难了。

后报喜

CEO们还是有未来的。

生存之道在于如何发现市场并获取成功，而不是死盯着报表数字。如果连公司高管都不知去往何处，那么所有人，包括董事会、部门经理和雇员又如何能跟随他呢？

多年以前，在《彼得原理》（*The Peter Principle*）⊖一书中，作者彼得（Peter）和赫尔（Hull）曾提出如下观点："大多数等级制度，如今都被各种规章制度和传统管理所束缚，外部又受到种种法律的约束。在这种情况下，即使是企业高管也无需指引方向，引领员工，制定进度。他们只需简单地照搬前例，服从规章制度，在大队伍前面走就行了。他们所起的引领作用相当于放置在船头上的艏饰像。⊜"

行动指南？

对领导技能的悲观看法引爆了许许多多有关领导力的书刊（其中不乏幼稚浅薄者）。有的告知应效法何人（匈奴王阿提拉），追求什么境界（内心平和），从哪里学习（失败），为何而奋斗（领袖魅力），是否应该授权（某些时候），该不该与人合作（或许），美国神秘的领导者（妇女），领导的个人素质（正直），如何取得信誉（诚信），如何成为权威领导者（从内心寻找领导者），以及领导者

⊖　此书中文版已由机械工业出版社出版。
⊜　意即傀儡。——译者注

的九个自然法则（连问都不用问）等。事实上，在目前已出版的书中，光是标题中含有"领导"二字的书籍就多达3000多本。

要成为有效的领导者根本用不着一整本书来陈述。管理界的泰斗彼得·德鲁克（Peter Drucker）将领导之道浓缩为几句话："实现有效领导的根本在于厘清组织的使命，清晰可辨地说明和建立使命的架构。领导者制定目标，设置优先次序，建立和维护标准。"

你如何寻求自己的方向？想成为优秀的战略家，必须将心思立足在市场的沃土之上。你得在前线，在发生于消费者心智中的营销战争的此消彼长之中，汲取灵感。

是认知能力的问题

本书的要点是：成功与否取决于认知问题和市场机遇，成败完全取决对消费者心智的洞察。

切不可被某些高管关于如何制造更优质的产品、建立更好的销售渠道或优化营销队伍等看似天衣无缝的报告弄昏了头脑。你必须聚焦在消费者的心智上。心智即使并非无法改变，至少也很难改变。如果高管声称他们能办到，千万不可轻信。对消费者或潜在顾客的心智理解得越深入，你陷入麻烦的可能性就越低。

我曾询问过通用汽车的某位前任CEO（他是财务出身，对市场知之甚少），对于过多推出不同车型最终导致公司品牌理念毁于一旦的观点，他是否提出过质疑。

对于我的提问，他稍做思考后答道：没有，不过我当时确实感到有些矛盾。他的感觉完全正确，可他却没有按直觉行事。他认为下属了解事情的结果。而这一推论恰恰是不正确的。直到多年后，通用汽车公司才认识到犯下的错误。而今由于竞争的激烈，要意识到错误不再需要几年，几个月就能察觉。所以，市场营销工作是如此重要，CEO绝不可将此工作托付给下属。物竞天择，CEO必须认识到，他是一线指挥官，对市场产生的结果负有最终责任。

我也曾经以此提醒某大公司某重要部门的负责人，他表示理解这一做法的重要性，但又担心会减少了中层领导的权限。想要远离麻烦，就不能思虑过多。

洞悉实情

朴实无华的山姆·沃尔顿终其一生都在沃尔玛商店的第一线巡视，他甚至三更半夜还在货运码头与卸货的员工交流。

许多高管却摒弃了山姆的做法，与一线员工失去联系。公司规模越大，越容易与前线失去联系。这正是CEO们所犯的最致命错误。你如何了解实际发生的情况？你如何知晓中层管理人员是否在报喜不报忧？你如何获取全方位的消息？

如果不能直接获取坏消息，就不能防范各种坏点子，反而使坏点子大行其道。

要了解真相的方法之一是"微服私访"或者秘而不宣地了解实情。这一做法对分销和零售层次最为行之有效，因为借此你能得到真实的意见。

销售队伍中的成员——如果你有的话——也是非常重要的，而关键在于怎样从他们那里获得真实有用的关于市场竞争的看法。最佳方式莫过于CEO对坦诚而真实地传达信息的行为加以大力表彰，当人人皆知CEO奖励诚实和真相时，大量有用的信息就会滚滚而来。

需要长远规划

我们假设你将焦点放在研究竞争对手上，并已了解对方在消费者心智中所占据的优劣势，而且已经找到了可以应用于心智之战的特性或区隔概念。

然后你利用该区隔概念，全力以赴制定一个配套的战略。你自然也就愿意为了开发外部机会而对组织机构内部进行调整。

现在你必定会甘愿为贯彻该战略花费时间。营销活动需要时间方能见成效，因此你在华尔街面前，在董事会和下属的压力下更要坚持些时日。在这方面，为个人电脑开发出电子表格程序的莲花公司做出了表率。

当微软看到电子表格的前景，很快开发出视窗模式的电子表格——Excel。自从微软发明视窗操作系统以来，由于莲花公司未能及时开发视窗模式的电子表格，遇到了前所未有的困境。当时的CEO吉姆·曼兹（Jim Manzi）决定转移阵地。他认为莲花的未来是"群组软件"，公司早期曾开发过Notes软件，是第一个成功的群组软件（为适应个人电脑应用而针对电脑群组或系统开发的软件）。群组软件成为吉姆·曼兹的工作重心，他开始搭建支撑

Notes和群组软件业务的架构。

坚持就是胜利

莲花公司付出了巨大的努力，取得了今日的地位。当问及当时的转型情形，吉姆·曼兹总结为：残酷的过程。以下是他对事件的真实叙述：

电子表格是莲花公司的核心，曾占据公司业务的70%，是公司的主流业务。但微软的视窗系统将我们的未来蒙上了阴影。

20世纪90年代初，我认识到Notes软件是我们的最佳前景。可并不是公司的所有员工都认同这一看法，许多人仍然希望继续改进电子表格。在这一困难时期，共12名副总裁从公司离职。他们不认同我对前景的看法。

这一切，连同在这个产品上追加的投资，并不是没有引起董事会的注意。为了让他们能与Notes软件同舟共济，我不断地重复发展前景，搞好公司内外关系。一旦董事会失去对前景发展的认同，我的困难就会加大。

很幸运，销售数字开始增长，大家对这项接近5亿美元的投资越来越有信心了。

吉姆·曼兹非常清楚他所前进的方向。故事有了皆大欢喜的结局。IBM公司以35亿美元的高价收购了莲花，使之成为IBM在企业客户软件开发上的基石。莲花公司在面临大麻烦时，坚持长远的规划，使公司避免了潜在的致命危险。

成也CEO，败也CEO

如果说本书贯穿了一个主题，那就是：CEO们做出的错误决策往往会导致大麻烦。他们要么做带来麻烦的错事，要么在可避免犯错时无所作为。

当危机显现，又只有CEO们能使公司冲出困境。

他们的确是一船之长，因此，每位CEO应该在墙上悬挂这样的警示：

谨记泰坦尼克号

附录A

定位思想应用

定位思想
正在以下组织或品牌中得到运用

· **王老吉：6年超越可口可乐**

王老吉凉茶曾在年销售额1个多亿徘徊数年，2002年借助"怕上火"的定位概念由广东成功走向全国，2008年销售额达到120亿元，成功超越可口可乐在中国的销售额。

· **东阿阿胶：5年市值增长15倍**

2005年，东阿阿胶的增长出现停滞，公司市值处于20亿元左右的规模。随着东阿阿胶"滋补三大宝"定位的实施，以及在此基础上多品牌定位战略的展开，公司重回高速发展之路，2010年市值超300亿元。

......

红云红河集团、劲霸男装、鲁花花生油、香飘飘奶茶、AB集团、芙蓉王香烟、美的电器、方太厨电、创维电器、九阳豆浆机、HYT无线通讯、乌江涪陵榨菜......

· **"棒！约翰"：以小击大，战胜必胜客**

《华尔街日报》说"谁说小人物不能打败大人物？"时，就是指"棒！约翰"以小击大，痛击必胜客的故事。里斯和特劳特帮助它把自己定位成一个聚焦原料的公司——更好的原料、更好的比萨，此举使"棒！约翰"在美国已成为公认最成功的比萨店之一。

• IBM：成功转型，走出困境

IBM公司1993年巨亏160亿美元，里斯和特劳特先生将IBM品牌重新定位为"集成电脑服务商"，这一战略使得IBM成功转型，走出困境，2001年的净利润高达77亿美元。

• 莲花公司：绝处逢生

莲花公司面临绝境，里斯和特劳特将它重新定位为"群组软件"，用来解决联网电脑上的同步运算。此举使莲花公司重获生机，并凭此赢得IBM青睐，以高达35亿美元的价格售出。

• 西南航空：超越三强

针对美国航空的多级舱位和多重定价的竞争，里斯和特劳特将它重新定位为"单一舱级"的航空品牌，此举帮助西南航空从一大堆跟随者中脱颖而出，1997年起连续五年被《财富》杂志评为"美国最值得尊敬的公司"。

……

惠普、宝洁、通用电气、苹果、汉堡王、美林、默克、雀巢、施乐、百事、宜家等《财富》500强企业，"棒！约翰"、莲花公司、泽西联合银行、Repsol石油、ECO饮用水、七喜……

附录B

企业家感言

如果说王老吉今天稍微有一点成绩的话，我觉得我们要感恩方方面面的因素，在这里有两位大贵人，这就是特劳特（中国）公司的邓德隆和陈奇峰。在我们整个发展的过程中，每一步非常关键的时刻，他们都出现了……其实，他们在过去的将近十年里一直陪伴着我们走过。

——加多宝集团（红罐王老吉）副总裁　阳爱星

定位理论能帮你跳出企业看企业，透过现象看本质，从竞争导向、战略定位、顾客心智等方面来审视解决企业发展过程中的问题。特劳特，多年来一直是劲霸男装品牌发展的战略顾问；定位理论，多年来一直是劲霸男装3 000多个营销终端的品牌圣经。明确品牌定位，进而明白如何坚持定位，明确方向，进而找到方法，这就是定位的价值和意义。

——劲霸男装股份有限公司总裁　洪忠信

邓德隆的《2小时品牌素养》是让我一口气看完的书，也是对我影响最大的书，此书对定位理论阐述得如此透彻！九阳十几年聚焦于豆浆机的成长史，对照"定位理论"，竟如此契合，如同一个具体的案例！看完此书，我们更坚定了九阳的"定位"。

——九阳股份有限公司董事长　王旭宁

品牌，是市场竞争的基石，是企业基业长青的保证。企业在发展中的首要任务是打造品牌，特劳特是世界级大师，定位理论指导了许多世界级企业取得竞争的胜利，学习后我们深受启发。

——燕京啤酒集团公司前董事长　李福成

定位已经不是简单的理论和工具，它打开了一片天地，不再是学一个理论、学一个原理，真的是让自己看到了更广阔的天地。

——辉瑞投资公司市场总监　孙敏

好多年前我就看过有关定位的书，这次与我们各个事业部的总经理一起来学习，让自己对定位的理念更清晰，理解更深刻，对立白集团战略和各个品牌的定位明朗了很多。

——立白集团总裁　陈凯旋

在不同的条件下、不同的环境中，如何运用定位理论，去找到企业的定位，去实现这个战略，我觉得企业应该用特劳特的方法很好地实现企业的战略，不管企业处于哪个阶段，这个理论越早走越好。

——江淮动力股份公司总经理　胡尔广

定位的关键首先是确立企业的竞争环境，认知自己的市场地位，认清楚和认识到自己的市场机会，这样确定后决定我们采用什么样的策略，这个策略包括获取什么样的心智资源，包括如何竞争取舍，运用什么样的品牌，包括在品牌不同的生命周期、不同的生命阶段采用什么样的战术去攻防。总之，这是我所经历的最实战的战略课程。

——迪马实业股份公司总经理　贾浚

战略定位，简而不单，心智导师，品牌摇篮。我会带着定位的理念回到我们公司进一步消化，希望能够借助定位的理论帮助我们公司发展。

——IBM（中国）公司合伙人　夏志红

从事广告行业15年，服务了100多个著名品牌，了解了定位的相关理论后，回过头再一看：但凡一个成功的企业，或者一个成功的企业家，都不同程度地遵循并且坚持了品牌定位理论的精髓，并都视品牌为主要的竞争工具。我这里所说的成功企业，并不就是所谓的大企业（规模巨大或无所不能），而是拥有深深占领了消费者心智资源的强势品牌。这样的成功企业，至少能有很好的利润、长久的生存基础，因而一定拥有真正的竞争优势。

——三人行广告有限公司董事长　胡栋龙

定位理论对企业的发展是至关重要的，餐饮行业非常需要这样一个世界顶级智慧来做引导。回顾乡村基的发展历程，我已领悟到"定位"的重要性，在听了本次定位课程之后，有了更加清晰的认识和系统的理论基础，我也更有信心将乡村基打造成为"中国快餐第一品牌"！

——乡村基国际餐饮有限公司董事长　李红

心智为王，归纳了我们品牌成长14年的历程，这是极强的共鸣；心智战略，指明了所有企业发展的正确方向，这是我们中国的福音；心智定位，对企业领导者提出了更高的要求，知识性企业的时代来临了。

——漫步者科技股份公司董事长　张文东

定位的本质是解决占有消费者心智资源的问题。品牌的本质是解决心智资源占有数量和质量的问题。从很大意义上来说，定位是因，品牌是果。定位之后的系统整合和一系列营销活动，实际上是在消费者的大脑里创建或强化一种心智模式，或者是重新改善对待品牌的心智模式。当这种心智资源被占有到一定程度（可用销量或市场占有率来衡量），或心智模式已在较大市场范围明确确立时，则形成了品牌力，而品牌力即构成了竞争力的核心，品牌战略则是有效延续和扩大核心竞争优势的方针性举措。

——奇正藏药总经理　李志民

消费者"心智"之真，企业、品牌"定位"之初，始于"品牌素养"之悟！

——乌江榨菜集团董事长兼总经理　周斌全

盘点改革开放30年来中国企业的成长史，对于定位理论的研究和运用仍然凤毛麟角。企业成败的案例已经证明：能否在大变动时代实现有效的定位，成为所有企业面临的更加迫切的问题。谁将赢得下一个30年？就看企业是不是专业、专注、专心去做自己最专长的事！

——西洋集团副总经理　仇广纯

格兰仕的成功印证了"品牌"对于企业的重要价值，能否在激烈的市场竞争中准确定位，已成为企业生存发展的关键。

——格兰仕集团常务副总裁　俞尧昌

定位经典丛书

序号	ISBN	书名	作者
1	978-7-111-57797-3	定位（经典重译版）	（美）艾·里斯、杰克·特劳特
2	978-7-111-57823-9	商战（经典重译版）	（美）艾·里斯、杰克·特劳特
3	978-7-111-32672-4	简单的力量	（美）杰克·特劳特、史蒂夫·里夫金
4	978-7-111-32734-9	什么是战略	（美）杰克·特劳特
5	978-7-111-57995-3	显而易见（经典重译版）	（美）杰克·特劳特
6	978-7-111-57825-3	重新定位（经典重译版）	（美）杰克·特劳特、史蒂夫·里夫金
7	978-7-111-34814-6	与众不同（珍藏版）	（美）杰克·特劳特、史蒂夫·里夫金
8	978-7-111-57824-6	特劳特营销十要	（美）杰克·特劳特
9	978-7-111-35368-3	大品牌大问题	（美）杰克·特劳特
10	978-7-111-35558-8	人生定位	（美）艾·里斯、杰克·特劳特
11	978-7-111-57822-2	营销革命（经典重译版）	（美）艾·里斯、杰克·特劳特
12	978-7-111-35676-9	2小时品牌素养（第3版）	邓德隆
13	978-7-111-66563-2	视觉锤（珍藏版）	（美）劳拉·里斯
14	978-7-111-43424-5	品牌22律	（美）艾·里斯、劳拉·里斯
15	978-7-111-43434-4	董事会里的战争	（美）艾·里斯、劳拉·里斯
16	978-7-111-43474-0	22条商规	（美）艾·里斯、杰克·特劳特
17	978-7-111-44657-6	聚焦	（美）艾·里斯
18	978-7-111-44364-3	品牌的起源	（美）艾·里斯、劳拉·里斯
19	978-7-111-44189-2	互联网商规11条	（美）艾·里斯、劳拉·里斯
20	978-7-111-43706-2	广告的没落 公关的崛起	（美）艾·里斯、劳拉·里斯
21	978-7-111-56830-8	品类战略（十周年实践版）	张云、王刚
22	978-7-111-62451-6	21世纪的定位：定位之父重新定义"定位"	（美）艾·里斯、劳拉·里斯 张云
23	978-7-111-71769-0	品类创新：成为第一的终极战略	张云

科特勒新营销系列

书号	书名	定价	作者
978-7-111-71337-1	营销革命5.0：以人为本的技术	69.00	(美) 菲利普·科特勒
978-7-111-66272-3	什么是营销	69.00	曹虎 王赛 科特勒咨询集团(中国)
978-7-111-62454-7	菲利普·科特勒传:世界皆营销	69.00	(美) 菲利普·科特勒
978-7-111-63264-1	米尔顿·科特勒传:奋斗或死亡	79.00	(美) 菲利普·科特勒
978-7-111-58599-2	营销革命4.0:从传统到数字	45.00	(美) 菲利普·科特勒
978-7-111-61974-1	营销革命3.0:从价值到值观的营销(轻携版)	59.00	(美) 菲利普·科特勒
978-7-111-61739-6	水平营销:突破性创意的探寻法(轻携版)	59.00	(美) 菲利普·科特勒
978-7-111-55638-1	数字时代的营销战略	99.00	(美) 艾拉·考夫曼 (中) 曹虎 王赛 乔林
978-7-111-66381-2	社交媒体营销实践指南(原书第3版)	69.00	(德) 马克·奥弗· (美) 菲利普·科特勒 (丹) 斯文德·霍伦森

关键时刻掌握关键技能

彼得·德鲁克全集

序号	书名	序号	书名
1	工业人的未来The Future of Industrial Man	21☆	迈向经济新纪元 Toward the Next Economics and Other Essays
2	公司的概念Concept of the Corporation	22☆	时代变局中的管理者 The Changing World of the Executive
3	新社会 The New Society：The Anatomy of Industrial Order	23	最后的完美世界 The Last of All Possible Worlds
4	管理的实践 The Practice of Management	24	行善的诱惑The Temptation to Do Good
5	已经发生的未来Landmarks of Tomorrow：A Report on the New "Post-Modern" World	25	创新与企业家精神Innovation and Entrepreneurship
6	为成果而管理 Managing for Results	26	管理前沿The Frontiers of Management
7	卓有成效的管理者The Effective Executive	27	管理新现实The New Realities
8 ☆	不连续的时代The Age of Discontinuity	28	非营利组织的管理 Managing the Non-Profit Organization
9 ☆	面向未来的管理者 Preparing Tomorrow's Business Leaders Today	29	管理未来Managing for the Future
10☆	技术与管理Technology，Management and Society	30 ☆	生态愿景The Ecological Vision
11☆	人与商业Men，Ideas，and Politics	31☆	知识社会Post-Capitalist Society
12	管理：使命、责任、实践（实践篇）	32	巨变时代的管理 Managing in a Time of Great Change
13	管理：使命、责任、实践（使命篇）	33	德鲁克看中国与日本：德鲁克对话"日本商业圣手"中内功 Drucker on Asia
14	管理：使命、责任、实践（责任篇）Management: Tasks,Responsibilities,Practices	34	德鲁克论管理 Peter Drucker on the Profession of Management
15	养老金革命 The Pension Fund Revolution	35	21世纪的管理挑战Management Challenges for the 21st Century
16	人与绩效：德鲁克论管理精华People and Performance	36	德鲁克管理思想精要The Essential Drucker
17☆	认识管理An Introductory View of Management	37	下一个社会的管理 Managing in the Next Society
18	德鲁克经典管理案例解析（纪念版）Management Cases(Revised Edition)	38	功能社会：德鲁克自选集A Functioning Society
19	旁观者：管理大师德鲁克回忆录 Adventures of a Bystander	39 ☆	德鲁克演讲实录The Drucker Lectures
20	动荡时代的管理Managing in Turbulent Times	40	管理(原书修订版) Management (Revised Edition)
注：序号有标记的书是新增引进翻译出版的作品		41	卓有成效管理者的实践（纪念版）The Effective Executive in Action